Liderança para o futuro: A emergência do humanismo nas organizações

Produção Editorial	Direção Editorial
EQUIPE QUALITYMARK	**SAIDUL RAHMAN MAHOMED** editor@qualitymark.com.br

Editoração e Arte Final	Capa
RODRIGO BARBOZA	**RODRIGO BARBOZA**

Dados Internacionais de Catalogação na Publicação (CIP)
(Câmara Brasileira do Livro, SP, Brasil)

Santana, Magda
Liderança para o futuro : A emergência do humanismo nas organizações / Magda Santana, Jair Moggi, Guilherme Callegari. -- Rio de Janeiro : Qualitymark Editora, 2025.

ISBN 978-85-414-0457-0

1. Corporativismo 2. Cultura organizacional 3. Humanização 4. Inteligência artificial 5. Liderança I. Moggi, Jair. II. Callegari, Guilherme. III. Título.

25-283018 CDD-658.4

Índices para catálogo sistemático:

1. Liderança : Comportamento organizacional : Administração 658.4

Eliane de Freitas Leite - Bibliotecária - CRB 8/8415

2025
IMPRESSO NO BRASIL

Qualitymark Editora Ltda.
Rua Carlos Machado, 155 / Sala 207
Polo Cine e Vídeo - Jacarepaguá
CEP: 22775-042 - Rio de Janeiro - RJ

www.qualitymark.com.br
E-mail: sac@qualitymark.com.br
Tels.: (21) 3597-9055 / 3597-9056
WhatsApp - 21 981989843

Liderança para o futuro: A emergência do humanismo nas organizações

Magda Santana

Jair Moggi

Guilherme Callegari

São Paulo
2025

A vida é assim: esquenta e esfria, aperta e daí afrouxa, sossega e depois desinquieta. O que ela quer da gente é coragem.

Guimarães Rosa.

PREFÁCIO

Vivemos uma era de profundas transformações. A revolução tecnológica, marcada por inteligência artificial, conectividade e interdependência global, ressignifica não apenas como trabalhamos, mas como lideramos. Nunca foi tão urgente compreender que liderança não se restringe a comando e controle, mas implica facilitar, conectar, inspirar e transformar.

Este livro surge em meio a essa mudança de paradigma. Motivado por uma pesquisa qualitativa com líderes experientes, ele não se limita a teorias ou modelos de gestão tradicionais. Pelo contrário, busca trazer uma visão holística e humana da liderança, colocando o indivíduo no centro do processo organizacional.

O que diferencia um grande líder? Seria sua capacidade de tomar decisões precisas? Sua habilidade em motivar equipes? Ou sua visão estratégica de futuro? Ao longo dos capítulos, fica claro que o verdadeiro diferencial de um líder não está apenas no domínio técnico, mas em sua capacidade de perceber a complexidade do mundo, agir com empatia e cultivar competências que sustentam um ambiente de trabalho colaborativo e humano.

Facilitação, colaboração, interdependência, visão sistêmica e altruísmo são os pilares que sustentam essa nova liderança. Mais do que simples habilidades, essas competências representam uma forma de conduzir equipes e organizações em um mundo cada vez mais dinâmico e incerto. E, para os líderes do futuro, o desafio não está apenas em aprender a navegar nesse contexto, mas em participar ativamente da sua criação.

Este livro é um convite à reflexão e à ação. Ele não pretende dar respostas prontas, mas instigar perguntas fundamentais: que tipo de líder queremos ser? Como podemos nos preparar para os desafios que a inteligência artificial nos impõe? Como transformamos nossas organizações em espaços de aprendizado e crescimento?

Ao embarcar nesta leitura, você será conduzido por *insights*, reflexões instigantes e exemplos práticos que ajudarão a construir uma visão mais humana e estratégica da liderança. Que este livro inspire sua jornada e o auxilie a se tornar um líder preparado para os desafios do presente e do futuro.

SUMÁRIO

INTRODUÇÃO

Neste livro, que tem como pano de fundo uma pesquisa qualitativa feita com alguns líderes experientes (CEOs e diretores), exploramos estilos de liderança que de fato coloquem o ser humano no centro do processo de gestão das organizações.

Comumente, em nossos cursos e programas, ouvimos os líderes perguntarem o que um bom líder deve fazer ou saber? Como me torno um bom líder? Como inspiro as pessoas? Como fica o papel da liderança em tempos de Inteligência Artificial? Como ser um líder diferenciado?

As respostas para essas questões, na maioria das vezes, não versam sobre domínio da dimensão técnica, mas da dimensão humana. Em geral, quando devolvemos estas mesmas perguntas feitas acima para as pessoas ou perguntamos: qual foi o melhor líder que você já teve? Quais eram suas características? As respostas trazem características como: empatia, transparência, justiça, escuta ativa etc. A partir das respostas a essas questões, que os próprios líderes nos dão no papel de liderados, podemos entender que tornar-se um bom líder é uma jornada de autoconhecimento e percepção do quanto o comportamento do líder afeta outros. Vale perguntar-se: que líder quero ser/me tornar? As perguntas nos levam para o lugar da reflexão e da ação também. O que fazer para me tornar um líder competente e humano?

Levamos esta questão para alguns líderes (CEOs) que entrevistamos: o que é um líder competente? As respostas desses líderes foram analisadas no capítulo 3.

No capítulo 1, trazemos nossa visão da organização: entendemos a organização como um ser vivo e, portanto, podemos compará-la ao próprio ser humano. Quais são as características de uma empresa viva? Como a organização se adapta e aprende?

No capítulo 2, descrevemos as cinco competências que entendemos serem fundamentais para os líderes. À medida que o mundo se torna mais interconectado e interdependente (e por consequência mais complexo e incerto), surge a necessidade de líderes que transcendem o tradicional comando e controle. Destacamos a importância das seguintes competências: facilitação, colaboração, interdependência, visão sistêmica e altruísmo como pilares fundamentais para liderar no futuro e no presente.

Apesar de sabermos que a comunicação clara e o desenvolvimento de pessoas também são elementos cruciais para o líder moderno, essas duas habilidades aparecem em 100% das respostas dos entrevistados. Falar é uma coisa e fazer é outra... Ainda é desafiador saber se comunicar com clareza e, também, desenvolver pessoas.

Acreditamos que, ao cultivar as competências como facilitação, colaboração, altruísmo etc., os líderes não apenas impulsionam o desempenho organizacional, mas também promovem um ambiente de trabalho mais humano e sustentável. Por meio de exemplos práticos, mostramos como essas qualidades podem ser aplicadas de maneira eficaz para transformar as organizações e preparar os líderes para os desafios e as oportunidades do futuro.

Não poderíamos deixar de lado, também, alguns pontos importantes do cenário atual, como o fenômeno da inteligência artificial (IA). Como é liderar no contexto da conectividade e da IA? Quais são as competências humanas emergentes em um mundo cada vez mais permeado por tecnologia? Há um capítulo inteiro para pensarmos sobre a IA (capítulo 4).

O alcance da arte como competência da liderança é abordada no capítulo 5. No capítulo 6, damos dicas de como se preparar para liderar agora e no futuro.

Convidamos você a embarcar nessa jornada de descobrimento e aprendizado, em que o humanismo não é apenas uma filosofia, mas uma prática diária que transforma a maneira como lideramos e vivemos as transformações e os desafios do ambiente organizacional. Queremos que aqueles que desejam fazer a diferença e liderar com empatia e propósito possam se juntar a nós.

Os autores.

Capítulo 1

A organização como ser vivo

Empresas estão mudando e não estão deixando o endereço

Este primeiro capítulo explicita como conceituamos as organizações. Nele, descrevemos o ambiente e o contexto em que os líderes atuam: as organizações.

As empresas são organismos vivos no seu mais alto grau. Em primeiro lugar, porque é uma criação do ser humano — o ser vivo que, em nosso entender, é a obra-prima da natureza. A organização tem com o ser humano que a gerou uma ligação ontológica profunda e sutil, em virtude de ser uma criatura que tem muitos aspectos comuns com seu criador.

Em essência, uma empresa já existe de maneira conceitual na mente de um indivíduo ou grupo de pessoas antes de sua existência física, como um projeto, ideia, desejo ou sonho. Isso é comum verificar quando falamos com empreendedores típicos. É como se passassem por uma gravidez antes que a empresa ou *startup* comece a operar na vida real.

Como sabemos, o que precede uma gravidez é pura emoção. Os casais que já passaram pela fase do conhecimento e sedução mútua que o digam. Independentemente de ser uma gravidez planejada ou não, surgem fantasias e questões do tipo: poderemos sustentar e cuidar desta criança? Ela terá todos os recursos necessários para vingar? Do que ela vai precisar? Como vamos decorar o quarto do bebê? Como pai, como mãe, e se eu não der conta da responsabilidade? Normalmente, a pessoa empreendedora (homem ou mulher) que *engravida* de uma ideia ou do impulso para um negócio também vive muitas seduções, dúvidas e fantasias: precisarei de um sócio? Futuros clientes! Quanto lucrarei? Quanto vou investir? De onde virá o capital necessário? Quem serão os fornecedores? Quem da família ou dos amigos pode me apoiar? O germe pode ser motivado por uma necessidade de mercado ou pelo desejo de inovar. Pode ser a vontade de lucrar com um serviço ou produto inovador que atenderá a uma necessidade humana específica, ou o simples e genuíno anseio por independência econômica e financeira. Muitas vezes, esses desejos são inconscientes ou pouco claros à consciência.

Em algum momento dessa gravidez empresarial, as dores do parto se fazem fortes e algo é parido no mundo.

Qual é uma das primeiras providências dos progenitores, depois de dar a notícia para os avós e para os amigos mais íntimos? É ir ao cartório mais próximo, no caso, a junta comercial da região, e registrar esse ser que o direito civil romano, já há dois mil anos, chama de *pessoa jurídica*. Na junta comercial, os pais têm de declarar o nome do novo ser (sua identidade), os sócios-fundadores (seus pais) e seu objeto social, entre outros requisitos. No passado, eram solicitadas também as testemunhas desse ato.

Assim, a empresa, como todo ser vivo ao nascer, já traz uma história pré-natal, um DNA. Ela vem ao mundo impregnada dos valores, qualidades e crenças das pessoas que a geraram e, como criação humana, tem identidade e potenciais de realização, fazendo-a depositária de sonhos e esperanças. Assim como o ser humano, ela nasce, tem infância, adolescência, maturidade, velhice e desaparece fisicamente. A empresa tem essas mesmas fases na sua biografia, de maneira metamorfoseada. É fácil deduzir que, sendo fruto do mundo das ideias, ela não precisa necessariamente morrer, mas pode transcender no tempo se certos cuidados forem tomados. A prova disso está nas inúmeras empresas centenárias existentes. Também o ser humano, dependendo da crença individual, poderia ter uma transcendência da vida física para o pós-morte.

Quais características do organismo vivo têm conexão com o conceito da empresa como um ser vivo?

Todos os seres vivos, sejam pessoas físicas, sejam jurídicas, como vimos, caracterizam-se, entre outros aspectos, por apresentar processos vitais simultâneos para que possam existir e atingir seus objetivos. Desde o nascimento até a morte, o ser vivo está em constante processo de transformação e crescimento (pensando não apenas no desenvolvimento físico), sem perder sua identidade primordial.

A partir do que vimos anteriormente e da vivência de cada um como ser humano integrado à natureza, podemos deduzir que as características inerentes aos seres vivos que apontam para o que chamamos de empresa como ser vivo incluem muitas coisas. Entre elas estão:

- Ser flexível.
- Ter capacidade de regeneração, reprodução e perpetuação, mantendo um vínculo com a sua forma primordial.

- Reagir rapidamente aos impulsos vindos do exterior.
- Adaptar-se rapidamente ao meio ambiente.
- Aprender e desenvolver-se no seu nível de consciência.
- Ter uma inteligência própria ao seu nível de consciência.
- Ser interdependente, pois está sempre conectado com outros organismos externos, presentes em seu meio ecológico ou no seu ecossistema. Nutrir-se nele ou dele, e também contribuir para a saúde do ecossistema como um todo.
- Ser parte de algo maior, de modo que suas qualidades ou características sejam vistas na sua parte e no seu todo.
- Organizar-se indo de sistemas simples para sistemas complexos ou em teias.
- Ser um sistema composto por órgãos complexos (nos animais superiores, por exemplo, ter órgãos como coração, pulmão, rins etc.).
- Ter as funções vitais básicas: respiração, alimentação, digestão, reprodução e capacidade de movimentação.
- Reproduzir-se, evoluir e se perpetuar aprimorando e mantendo a ligação com sua essência original. Como veremos adiante, ter uma espécie de fio que o conecta com o modelo (arquétipo) primordial.
- Receber impulsos do exterior, processar, agir e reagir na velocidade adequada à sua natureza.
- Ser simbiótico no sentido de procurar sempre manter com o seu meio uma relação funcional estreita, harmônica e produtiva, visando proveito mútuo.
- Ser movido por um impulso potente e instintivo de preservação da sua vida.

- Ter o todo gravado na sua menor parte, e a menor parte gravada no todo, assim como o DNA das células presentes no corpo inteiro. No organismo vivo empresa, os mesmos princípios e conceitos valem no nível microscópico e no macroscópico, sendo, portanto, simples e direto o processo de comunicação entre suas partes, independentemente de tamanho e importância.
- Receber e procurar impulsos, estímulos e recursos do meio ambiente, processando e devolvendo contribuições ao seu meio, complementando ou suprindo carências de organismos externos maiores ou menores que ele.

Paradoxalmente, para conhecermos completamente o ser vivo, necessitamos que ele esteja ativo e interagindo com o que o cerca. Isto é o mistério da vida: morto, esse ser é apenas uma imagem estática, sem qualquer dinamismo .

Em determinado nível de complexidade do organismo vivo, certos componentes são polivalentes. Por exemplo, já é sabido que alguns neurônios são capazes de assumir funções de outros neurônios.

Ao ler as características de um ser vivo, intuitivamente percebemos que muitas delas são as que as empresas atuais e futuras buscam desenvolver e incorporar no seu jeito de ser, pois são traços que atendem às demandas dos novos tempos no mundo dos negócios.

Quais são as características das empresas vivas?

As organizações demandam cada vez mais as características vitais ou orgânicas que acabamos de ver, além de outras, como capacidade de reprodução, crescimento, regeneração, aprendizado e desenvolvimento. O ser vivo, na magnitude que estamos falando, é composto por órgãos complexos (nos animais superiores há coração, pulmão, estômago, rins etc.) e organiza-se a partir dos sistemas simples para os mais complexos, formando teias sutis e sensíveis em verdadeira simbiose ou espírito de parceria, para contribuir para o todo de maneira harmônica.

Em nossa experiência como consultores organizacionais, notamos que, quando as empresas adotam os princípios do modelo empresa viva, elas passam por uma metamorfose e incorporam qualidades e características típicas de um ser vivo, tais como:

- Respondem com agilidade e flexibilidade às necessidades do mundo externo.
- Possibilitam condições de sobrevivência e crescimento em um ambiente de competitividade acelerada.
- Enfrentam as dificuldades de forma criativa e de maneira mutante.
- O impulso natural para sobreviver e crescer está sempre à flor da pele.
- Agem orientadas pelo seu DNA, representadas pela sua visão, missão, valores, propósito, princípios, vocação e talentos.
- São menos estressantes porque conhecem e dominam os ritmos dos seus processos vitais e o potencial dos seus órgãos.
- Criam condições para que as pessoas possam desenvolver e aplicar novas habilidades e talentos.
- Aproveitam com mais eficácia todos os recursos tecnológicos, materiais e humanos aplicados nos seus processos produtivos.

- Sua cultura permite imagens e visões comuns da realidade e dos negócios, potencializando sua atuação no mercado.
- Aproveitam as potencialidades humanas e profissionais das pessoas, colocando as decisões próximas das ações.
- Atuam por meio de grupos autônomos no seu local de trabalho, nas pontas no contato direto com os clientes.
- Consolidam uma cultura de melhoria contínua, a partir dos impulsos individuais e coletivos que são potencializados no contexto da autonomia planejada.
- Mantêm a identidade da empresa (DNA) sempre viva, o que é essencial para o crescimento e o desenvolvimento dos negócios.
- Envolvem as pessoas nas decisões, objetivos e metas das suas respectivas áreas de atuação de forma rítmica e organizada.
- Facilitam a disseminação, consolidação e aplicação dos conceitos da qualidade total, eficácia, eficiência, produtividade, recursos da inteligência artificial, digitalização e agilidade dos processos.
- Incentivam e possibilitam o contato "face a face" entre as pessoas, saindo do paradigma da mera informação para a comunicação verdadeiramente humana.
- Criam condições para a avaliação global da performance das pessoas individualmente e dos grupos.
- Integram-se na comunidade em que estão inseridas.
- Quebram as barreiras no contato "líder-subordinado".
- Tornam as pessoas e o grupo responsáveis e conscientes pelas ações tomadas, a partir do "fio vermelho (DNA)" que une a empresa.

- Propiciam o clima de mais confiança e alinhamento entre as pessoas.
- Em determinado nível de complexidade do organismo, certos componentes celulares são polivalentes, como os neurônios, que são capazes de assumir funções de outros neurônios. Desnecessário dizer que essa polivalência tornou-se igualmente essencial no contexto empresarial nos dias de hoje.

Os seres vivos e a natureza tornam-se, cada vez mais, um paradigma desejado para modelos de gestão empresarial, conforme as condições de vida se aceleram com tecnologias para as quais os parâmetros deixam de ser úteis e é preciso, em tempo curto, estabelecer novas formas de trabalhar.

Figura 1: Âmbitos da gestão empresarial

A influência dos conceitos orgânicos nos modelos de gestão empresarial

Os modelos reducionistas de gestão empresarial do passado são incompetentes para responder às questões existenciais dos indivíduos. Podemos verificar com facilidade que algumas das qualidades predominantes nos seres vivos não se encaixam em modelos organizacionais tradicionais e rígidos que prestigiam a hierarquia, processos inflexíveis de gestão e alienação das pessoas. Além disso, tais modelos não conseguem atender às exigências das novas gerações, às demandas tecnológicas e à intensa e acelerada competitividade dos mercados. As circunstâncias atuais mostram de forma irrefutável que também existe uma teia da vida no mundo econômico e social no qual a empresa está inserida, escancarando que tudo está ligado a tudo e não é mais possível puxar o fio do novelo sem mexer com todo o novelo, o que nos leva a crer que os modelos vivos têm muito a nos ensinar na busca de uma empresa viva e de um capitalismo mais fraterno. Dessa forma, conseguimos participar ativamente da criação do contexto, e até mesmo moldá-lo para ser mais harmonioso.

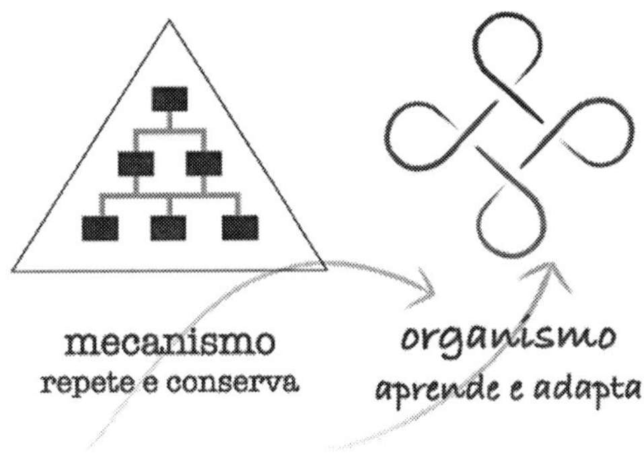

Figura 2: Diferença entre mecanismo e organismo

Quando as empresas trabalham com base nos princípios do modelo de gestão orgânico ou vivo, elas conseguem metamorfosear e incorporar na cultura empresarial características dos seres vivos, vistas anteriormente.

Em analogia com as células que compõem os organismos vivos, seus tecidos e órgãos, as células empresariais — os indivíduos em primeiro lugar, e os grupos, em segundo — têm o mesmo DNA nos genes que orientam as pessoas e os grupos em direção à *chama sagrada da empresa*, ou seja, à razão da sua existência. Trata-se da missão e dos propósitos, mesmo que cada indivíduo ou grupo de trabalho pertença a um sistema ou processo organizacional diferente.

Essa é a arte que possibilita às empresas condições de sobrevivência, crescimento e desenvolvimento em um ambiente de competitividade acelerada, à semelhança dos seres vivos, que fizeram e fazem isso ao longo de milhões de anos do processo evolutivo.

O modelo de gestão orgânica proporciona condições e oportunidades para o aprendizado existencial individual e organizacional. Revela novos talentos e habilidades, adicionando novas competências à cultura empresarial.

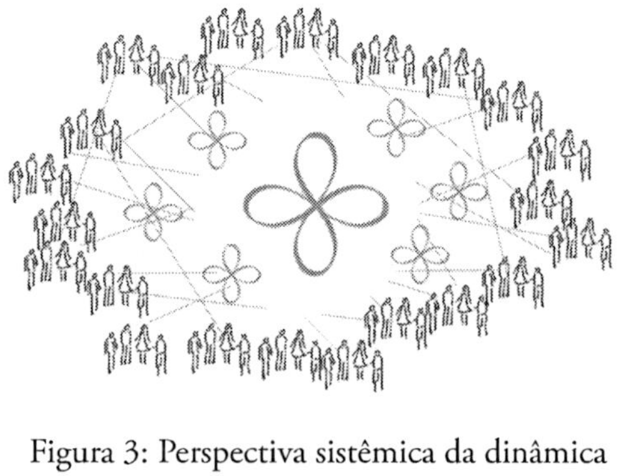

Figura 3: Perspectiva sistêmica da dinâmica individual, coletiva e organizacional

Como se dá o processo de doença na organização viva?

Este capítulo estaria incompleto sem discutir as doenças que podem afetar uma organização viva. É crucial enfatizar que as enfermidades que comprometem os seres vivos na sua essência, as células, são as condições inflamatórias ou as esclerosantes. No contexto organizacional, por analogia, podemos inferir que a mais terrível dessas doenças é o que chamamos de "câncer organizacional".

É sabido que o câncer ocorre quando uma célula inicia sua reprodução descontrolada, gerando tumores e metástases no organismo, resultando na morte do indivíduo. É sabido também que esse descontrole acontece devido a algo que falha no núcleo da célula, no DNA, que faz com que a célula comece a se reproduzir descontroladamente, como se tivesse perdido sua orientação básica ou, simbolicamente, a sua identidade — a razão da sua existência, que conecta sua essência e sua biografia com o contexto do presente e com os potenciais de vir a ser —, afetando ou levando metástases para outros órgãos cruciais para a existência do organismo.

As metástases, para a empresa, se manifestam por meio dos problemas peculiares, como:

- desmotivação e falta de compromisso;
- boatos, fofocas, intrigas, distorções da realidade;
- ausência de visão, estratégia e objetivo empresariais comuns (desalinhamento);
- camuflagem de conflitos;

- falta de flexibilidade e agilidade;
- má utilização de recursos materiais e humanos;
- crise de liderança;
- crise de resultados;
- desumanização;
- pasteurização nas relações;
- liderança autocrática;
- paralisia.

No geral, a consequência do câncer na vida de alguém, pessoa física, é a morte precedida por grande sofrimento. Já na empresa, pessoa jurídica, as consequências são: baixa rentabilidade, conflitos, prejuízos e, se nada for feito, a morte da empresa, isto é, falência ou venda.

Ampliando a visão da empresa como organismo vivo

Os referenciais para a busca de modelos de gestão que criam condições para o surgimento das características orgânicas, geradoras de *insights* profundos e admiração genuína por parte dos clientes, funcionários e investidores, foram desenvolvidos pelo psiquiatra holandês Bernard Lievegoed[1], inspirado por Rudolf Steiner[2], articulador do pensamento antroposófico, que coloca o ser humano no centro do processo de desenvolvimento social e planetário, considerando suas dimensões física e espiritual no relacionamento com os reinos mineral, vegetal, animal e humano que o circundam.

Segundo Rudolf Steiner, o ser humano tem: (1) estrutura física que pode ser associada ao reino mineral, representada pelos ossos; (2) organismo que lhe confere vida, associado ao reino vegetal pela dinâmica do fluxo de seivas e pelo brotar e crescer constantes, além da fotossíntese e profunda interação com o ambiente; e (3) esfera emocional vinculada ao reino animal, que se caracteriza por instintos e emoções. O ser humano tem também a individualidade, ligada ao reino humano, que o diferencia dos anteriores, composto de pensamentos, valores, vocações e talentos.

[1] Bernard Lievegoed (1905–1992), médico, psiquiatra, escritor e fundador do NPI (Netherlands Pedagogical Institute), que pesquisou e desenvolveu conceitos e abordagens relacionadas à Teoria do Desenvolvimento Organizacional e da Pedagogia Social com base antroposófica.

[2] Rudolf Steiner (1861–1925) foi um cientista, pensador, conferencista e educador austríaco que, por meio de suas pesquisas espirituais, introduziu diversos princípios e conceitos espirituais para aplicação prática em áreas tais como agricultura, educação, medicina, farmacologia, arquitetura, artes, religião, psicologia, sociologia e organização econômica, política, jurídica e cultural da sociedade.

A empresa, segundo o Professor Lievegoed, reproduz esse complexo modelo. Ela traz, metamorfoseada, a mesma estrutura humana vista no parágrafo anterior: um corpo físico composto por máquinas, instalações e equipamentos ocupando espaço. Seu corpo vital é formado pelos processos produtivos e administrativos, que demandam tempo. Seu corpo emocional engloba as relações diárias, e a identidade é moldada pela cultura empresarial, por valores e pela biografia.

A visão da empresa é ampliada como um organismo vivo. Modelos de gestão que incentivam características orgânicas ou vivas são buscados. Estes são geradores de *insights* profundos e admiração genuína de clientes, funcionários, parceiros e investidores. Bernard Lievegoed, um psiquiatra holandês, desenvolveu esses referenciais. Ele foi inspirado por Rudolf Steiner, articulador do pensamento antroposófico. Tal pensamento coloca o ser humano no centro do desenvolvimento social e planetário. Considera as dimensões física e espiritual do homem em relação aos reinos mineral, vegetal, animal e humano.

Quando pessoas se juntam pelos mais diferentes motivos, sempre há o fio condutor formado por um objetivo ou um desejo comum que as uniu. Esse objetivo pode ser iniciar uma *startup*, a fundação de uma ONG, um clube, uma escola, a realização de uma tarefa específica na comunidade ou no mercado, a implantação de um projeto etc. Pelo fato de tais pessoas se dedicarem a um objetivo imaterial — uma ideia, uma intenção ou uma vontade — por meio de seus pensamentos, sentimentos, atenção, ações e omissões, acabam gerando uma cultura, um ambiente ou um espírito coletivo único, que pode ou não ser o palco de realizações pessoais. No ambiente corporativo, as relações humanas que se originam dessas interações — os diferentes interesses dos clientes, fornecedores, acionistas e colegas de trabalho — resultam em uma energia única e especial. Essa energia é a síntese das intenções, virtudes e deficiências dessas pessoas que se manifestam no mercado.

Assim como as pessoas, as empresas também têm um ciclo de vida com fases definidas, como concepção, nascimento, crescimento, desenvolvimento, crises e morte. A diferença fundamental é que, enquanto o ser humano tem uma finitude física, a empresa, oriunda do mundo das ideias, pode não ter essa limitação física ou morte. Ela tem a possibilidade de transcender no tempo e sobreviver além das pessoas que lhe deram origem ou que nela atuam, desde que os problemas de transição entre gerações ou de comando sejam tratados com sabedoria.

Vemos ainda, no contexto empresarial, que, mais e mais, a verdadeira essência de um negócio não está na tecnologia aplicada, nas máquinas, nos equipamentos, no capital acumulado, mas está naquilo que é imaterial. Essa imaterialidade reside nos aspectos incontroláveis e inapropriáveis pelos donos do capital ou pelos líderes. É uma propriedade inalienável de indivíduos e grupos, representada por ideias, valores, símbolos, conhecimento e informações. É daquilo que é incontrolável e intangível que se forma um corpo sutil que ninguém vê, mas todos sabem que existe: é a identidade da empresa, o seu espírito ou a sua cultura.

Certa vez, um empresário industrial proprietário de um negócio de grande porte disse: "O espírito da minha empresa vai embora todos os dias no final do expediente. Se eu e as pessoas que trabalham aqui deixarmos de existir, isto aqui não será mais do que uma casca oca ou um cadáver".

Os fenômenos descritos acima podem ser chamados de arquetípicos. Eles podem ou não ser percebidos pelas pessoas que interagem dentro da organização, seja ela de qualquer natureza. Quando esses fenômenos são percebidos e trabalhados com sensibilidade e intuição, podem se tornar um diferencial exclusivo da empresa porque são características inimitáveis pela concorrência, e geram orgulho e engajamento dos funcionários em todos os níveis.

Saber reconhecer a alma das pessoas e a alma das empresas, e apoiá-las em seu propósito de tornar sua atuação operacional mais objetiva e saudável, é um dos maiores desafios dos gestores que querem trazer para o ambiente empresarial a realidade e os significados de uma empresa viva.

A analogia entre o ser humano e a organização realça o complexo imbricamento que existe entre esses seres vivos: indivíduo e empresa. Amor, divertimento, felicidade, autenticidade, realização, resultados quantitativos e outros resultados qualitativos são frutos do cuidado com essa complexidade. É necessário aprender a tratar melhor esses aspectos se quisermos, como líderes diferenciados, ser os impulsionadores e parteiros de uma nova sociedade, uma sociedade caracterizada por um capitalismo mais suportável, mais consciente e sustentável para o planeta e para os seres humanos.

Como incorporar na cultura empresarial conceitos de organização como um ser vivo?

Os primeiros níveis de comando da empresa — acionistas, conselhos, comitês de gestão, presidente, executivos e outras lideranças-chave — devem adotar esses princípios com convicção. É vital que desejem transformar a empresa em um organismo vivo, direcionando-a para uma cultura com as características mencionadas anteriormente.

É essencial aprenderem a trabalhar com conceitos orgânicos, cujas imagens arquetípicas induzem a uma nova organização, não mais vista como sistema de poder, estrutura com divisões e hierarquias definidas, semelhante a uma máquina ou mecanismo eletrônico, mas sim como um organismo complexo, vivo, fluido e pulsante, movido pelo mistério da vida.

Isso deve ser implementado como uma ação planejada contínua, não como um projeto ou programa com início, meio e fim. Isto é, como um processo de desenvolvimento que não tem fim, tem apenas início, balizadores e lideranças comprometidas, a começar pela cúpula da empresa. Os princípios balizadores devem ser revisitados e validados de tempos em tempos. Um processo de desenvolvimento nunca é possível quando as mudanças são conduzidas por um projeto ou programa com ênfase em metas quantitativas apenas.

Outro pressuposto é o incentivo ao contato face a face, com o objetivo de fazer com que a empresa não tenha por hábito a informação pela informação, que é um fenômeno exacerbado, atualmente, pelo uso excessivo e muitas vezes inadequado de meios de comunicação eletrônicos e virtuais. A ideia é haver uma comunicação verdadeiramente humana e produtiva. Assim, a informação passa a ser comunicação no seu sentido original, isto é, tornar a informação comum no nível dos indivíduos e dos grupos. Essa é uma estratégia fundamental para a consolidação de uma empresa viva que, quando orientada por uma liderança genuinamente comprometida com a mudança, cria um clima de maior confiança, alinhamento e engajamento das equipes.

Quem está interessado em realmente mudar organizações já sabe que isso só é possível quando mudam também as atitudes e posturas dos indivíduos que a lideram. Não bastam centenas de palestras, *lives* e cursos, muitas vezes distantes da cultura e da alma brasileiras, pregando que a mudança é o melhor remédio. Geralmente, esses treinamentos falam muito do processo do *pensar* que, sem dúvida, se forem bem executados, podem ajudar a encontrar os caminhos da mudança, mas o pensar sozinho não se autossustenta. Esses treinamentos são insuficientes porque ignoram ou não dão a devida ênfase aos processos do *sentir* e do *agir* que, quando ocorrem em equilíbrio com o pensar. Os três são qualidades humanas e, portanto, elementos vivos por excelência.

A experiência dos autores como consultores e facilitadores de processos de mudança culturais revela que o fenômeno da mudança é primeiro individual, para depois se manifestar no grupo. Somente mudanças de atitudes e ações consistentes praticadas no dia a dia, mostrando coerência entre o discurso e a ação, podem levar a modificações reais.

A incapacidade dos líderes em captar esses aspectos sutis ou intuitivos, que realmente mobilizam as pessoas para a essência das coisas e para a ação no mundo, advém de um *insight* profundo, pois argumentos predominantemente racionais e lógicos multifacetam a realidade em pontos de vista individuais que, no fundo, não permitem a visão do todo, pois são poluídos pelo mecanicismo, matematismo, maniqueísmo, crenças e ideologia que nos tempos atuais estão ancoradas no simples uso da inteligência artificial (IA), que algoritimiza tudo, eliminando o ser humano do processo de mudança, naquilo que é mais sutil e sensível (como aprofundaremos no capítulo 4).

Lideranças genuínas comprometem-se a ver pessoas, grupos, organizações e a sociedade com uma visão ampliada pelos conceitos deste capítulo. Elas entendem que tudo no mundo físico faz parte de uma vasta rede de origem viva, misteriosa, sagrada e sutil. Pesquisar, operacionalizar e entrar em contato com esses conceitos diariamente é cuidar do crescimento individual e grupal, garantindo a sustentabilidade das mudanças no mundo econômico, empresarial, social e cultural, criando para as organizações que lideram um diferencial competitivo inimitável[1].

---

1. Os conceitos apresentados neste capítulo podem ser aprofundados nos livros: *O Espírito Transformador e O Capital Espiritual da Empresa* – Jair Moggi e Daniel Burkhard – Editora Antroposófica – São Paulo.

Capítulo 2

Quais as competências do líder do futuro?

O futuro não é mais como era antigamente

Renato Russo

No capítulo anterior, trouxemos a organização como um ser vivo, portanto, líderes administram uma organização mutável, com cultura e valores próprios e gerem aspectos sutis desse contexto.

Ao escrever este capítulo, nossas primeiras indagações foram: no que o leitor está pensando quanto ao futuro? Faremos um exercício de futurologia? Se não sabemos como será o mundo daqui a pouco, de que futuro falamos? 5 anos, 10 anos, 20 anos?

Falamos de um futuro mais perene, independentemente do tempo, falamos de um futuro que vai perdurar a partir do contexto atual: a questão tecnológica, a inteligência artificial, um mundo sem manual de instruções com complexidade, volatilidade, ambiguidade, diversidade e sem respostas definitivas.

Desde que habitamos este mundo, não conseguimos responder, ainda, a três perguntas básicas da existência: de onde viemos, o que estamos fazendo aqui e para onde vamos? Essas perguntas perenes nos acompanham e trazem movimento para buscarmos o sentido da nossa existência.

Da mesma maneira, não pretendemos fazer um exercício de futurologia, mas entender quais habilidades da liderança são e serão perenes e ficam cada vez mais relevantes, dado o cenário aqui apresentado.

Você, leitor, assim como nós, já ouviu a pergunta: o que você faz bem? O que é fácil pra você realizar com maestria?

Competência tem a ver com isto: mais *o como* do que *o quê* você faz. Alguns atletas são únicos porque jogam bola daquele jeito, não importa o jogar bola, mas sim *como* jogam bola. Neymar Jr., Cristiano Ronaldo, Messi, cada um deles tem um estilo. É esse estilo que os faz competentes!

Peter Senge fala que competência é prática:

> A arte de aprender acompanha o homem desde o início de sua jornada terrestre até seus últimos dias como ser vivente, e é explorando essa incrível capacidade que as pessoas buscam o conhecimento, aperfeiçoando assim cada aspecto que envolve suas vidas. Essa capacidade da qual o homem é dotado pode ser inata ou desenvolvida, pois "em qualquer disciplina" — de tocar piano à engenharia elétrica — há pessoas que nascem com um "dom", mas todos podem ter proficiência por meio da prática. (SENGE, 2009, p.37)

Competência vai além de prática. É a habilidade de desempenhar bem uma tarefa. O conceito de competência está associado a desempenho, como demonstrado na figura abaixo:

Figura 4: Competência e desempenho

Desempenhar bem uma tarefa engloba algumas variáveis. Primeiro, as características pessoais: cada um de nós tem uma biografia, um temperamento, motivações, valores etc. Portanto, duas pessoas agem e reagem diferentemente ao mesmo estímulo ou situação. Essa a parte sobre a qual temos mais controle, depende de nós a forma como respondemos aos estímulos, nosso comportamento é função das características pessoais *versus* a situação.

Uma segunda variável é a maneira de atuar de cada organização — sua cultura, seus processos e sua identidade —, além das demandas do ambiente de negócios e dos resultados esperados. Vamos a um exemplo prático: suponhamos um garçom de uma churrascaria. Quais comportamentos o habilitariam a receber a gorjeta no final do atendimento? Simpatia, prontidão, agilidade? Ele oferece os produtos, fala do time de futebol que está jogando naquele momento, brinca com o cliente, e tudo isso conta para o pagamento da gorjeta. Imaginemos o mesmo cargo de garçom, agora, em um restaurante francês. O que habilita esse garçom a receber a gorjeta? Certamente não são os mesmos comportamentos do profissional da churrascaria. Quanto mais discreto e formal ele for, melhor. Discrição, bom conhecimento da carta de vinhos e atenção seriam comportamentos adequados nesse ambiente de atuação. Então, o cargo é exatamente o mesmo, mas os comportamentos mudam com base no ambiente e no processo de atuação.

Competências são comportamentos, e esses comportamentos são os diferenciais para os resultados a obter.

E para a liderança, que comportamentos farão a diferença para os líderes do futuro?

Entendemos que são e serão alguns destes:

1) facilitação: que demanda mudança no papel do líder *de* autocrático e autoritário (do tipo comando controle) *para* líder facilitador;
2) colaboração;
3) interdependência;
4) pensamento sistêmico;
5) altruísmo.

FACILITAÇÃO: A COMPETÊNCIA PRIMORDIAL

Vamos começar por uma definição clássica. Facilitação é a habilidade de incentivar todos os membros de um grupo a participar de forma que eles alcancem algo juntos. Então, o que seria um líder facilitador? A pessoa capaz de tirar o ego do caminho e ajudar o outro a encontrar as respostas, a encontrar seu próprio caminho.

Em nossos *workshops* na Adigo, costumamos comparar o líder facilitador ao guarda rodoviário. Quem mora em São

Paulo, quando vai ao litoral, desce a Serra do Mar, onde é comum haver neblina densa, que prejudica a visibilidade na estrada, ao ponto de impedir que os carros desçam para o litoral. Assim, quando isso ocorre, temos de esperar no pedágio para descermos em comboio de vários veículos.

Um carro da Polícia Rodoviária vai à frente com um farol giroflex ligado e todos vão juntos, um carro atrás do outro. O carro que vai à frente conhece o caminho muito bem e guia os outros para que não se acidentem. Em determinado ponto, a neblina se dissipa, o carro da Polícia Rodoviária sai da frente e cada carro segue seu caminho. Ou seja, o carro da frente facilita a chegada das pessoas até o momento em que possam continuar sozinhas seus diferentes caminhos e destinos.

Essa analogia é bem ilustrativa de um líder facilitador que contribui com o desenvolvimento de cada membro da equipe, que faz o papel de guia quando necessário, coloca-se a serviço dos demais na medida exata da necessidade, atento ao momento de abrir espaço para a iniciativa dos outros.

Facilitar é estar disponível para orientar seus liderados, organizar os processos do grupo, dar a direção. Se o líder não diz para onde estamos indo e por que estamos indo naquela direção, nos sentimos perdidos. Um líder facilitador precisa contar o final do filme para o grupo, quais são nossos objetivos e aonde queremos chegar. Esse senso de direção é que constrói propósito.

Gorbachev, em seu livro *Perestroika* (1997), conta uma história bastante conhecida em programas de treinamento gerencial que ilustra o sentido e a direção do trabalho.

Certo dia, um transeunte observa a seguinte cena: dois operários estão construindo um muro. O transeunte pergunta ao primeiro operário: "o que você está fazendo?". Ele responde: "estou construindo um muro, não está vendo?". E ele torna a perguntar: "e para que você está fazendo isso?". E ele responde: "ora, para ganhar a vida". Perguntando a mesma coisa ao segundo operário, o transeunte recebe a resposta dada com um grande sorriso nos lábios: "estou construindo uma catedral!".

O papel da liderança é cada vez mais central para que os colaboradores não estejam só voltados às prioridades do momento, ignorando sua responsabilidade em trazer significado para o trabalho das pessoas.

Em resumo, as competências do líder facilitador são: orientar os objetivos, estimular e impulsionar, enfim, manter o prazer de saber que se está construindo uma catedral e não um simples muro, de estar a serviço, ajudar os membros do grupo a encontrar as respostas e resolver os problemas. O líder deve mais fazer perguntas do que dar respostas, precisa construir junto e estar aberto ao controverso. Os problemas costumam ser complexos, e sozinhos não conseguimos ver tudo. A forma de ver de outro membro do grupo pode ajudar na construção de uma imagem comum a todos. Por fim, essencial ao líder é também ter comunicação clara, saber pedir. É importante que todos saibam "o que quero, o que espero e o que será cobrado".

Facilitação exige esforço, consciência e competência para que ela se torne hábito.

COLABORAÇÃO

Somos interdependentes, e é a colaboração que nos ajudará a navegar por um mundo complexo, incerto e ambíguo. Se o mundo é complexo, um indivíduo apenas não dá conta de ler todos os cenários, é preciso haver colaboração para, juntamente com outras percepções, montar coletivamente o mosaico para melhor lidar com a incerteza e a ambiguidade.

A palavra *colaborar* significa cooperar, trabalhar na mesma obra, concorrer para um objetivo. Tomando o conceito genérico, não haveria contradição, pois todas as atividades realizadas em conjunto necessitam de predisposição, boa-vontade. Assim, a colaboração é (ou deveria ser) um dos elementos naturalmente presentes nas relações no ambiente de trabalho. No entanto, encontramos nos modelos organizacionais a competência colaboração como um comportamento a ser incentivado e cultivado. Se é um comportamento que precisamos incentivar, então não acontece espontaneamente.

As áreas e as equipes, por vezes, se enxergam como concorrentes, e a colaboração, na verdade, não existe. Nós, da Adigo, frequentemente recebemos pedidos de *team building* para as equipes aprenderem a cooperar.

Mas, como aprendemos a cooperar? E como cooperamos como líderes?

Aprendemos a cooperar quando entendemos a parte que nos cabe no empreendimento e quando sabemos que a nossa contribuição é importante.

Sir Paul McCartey, na gravação de um de seus álbuns, mencionou que para ele subir ao palco e brilhar tocando suas canções, uma equipe grande de pessoas contribuiu: quem montou o palco, os iluminadores, os músicos etc. Ele disse: "todo mundo é importante!".

Parece óbvio, mas essa visibilidade de quem contribui precisa ser dada. Isso vale para a maioria das atividades: para tomar um sorvete, imagine a quantidade de pessoas que se envolveram e colaboraram com o processo para que aquela "casquinha" chegasse à sua mão!

E como líderes, como colaboramos? Como líderes, temos pelo menos duas ferramentas poderosas para colaborar: mentoria e reconhecimento.

Na mentoria, o líder contribui com sua experiência para que os menos habilitados possam aprender com base nos aprendizados que possuem. É uma estratégia de desenvolvimento. Mentoria é um processo estruturado e orientado para o desenvolvimento profissional e pessoal, que acontece por meio de aconselhamento, apoio e experiência de um mentor. É uma oportunidade única e transformadora.

E, acima de tudo, é uma *parceria* entre mentor e mentorado! Em ambos os papéis, o processo apresenta-se como uma forma de conexão entre experiências pessoais de vida e carreira, é um processo colaborativo, permitindo aberturas que dificilmente seriam realizadas no cotidiano.

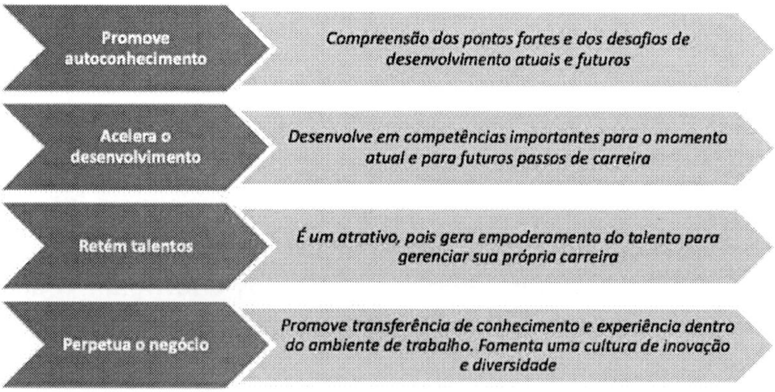

Figura 5: Vantagens da mentoria

Como Yuval Harari explicou em seu livro *Sapiens: Uma Breve História da Humanidade*, a colaboração e a troca de experiências foram alguns dos principais fatores da nossa evolução enquanto espécie. O líder que se dispõe a ser mentor colabora com seu tempo e sua experiência para o desenvolvimento de outros, e todos crescem.

Uma forma sutil de colaboração é reconhecer os companheiros de jornada. A exemplo de Paul McCartey, os líderes devem dar visibilidade para os invisíveis: "todo mundo é importante"!

PRATICANDO A INTERDEPENDÊNCIA

A partir dos anos 1980, com o início do que se chamou de neoliberalismo, o desenvolvimento do mundo dos negócios foi acelerado com base em três ideias das pessoas de empresa:

1. Crença no comando e controle - *O mundo em que atuo é de fato simples. Se eu tiver dados e fizer as análises adequadas, consigo compreender as causas que geram certos efeitos.*
2. Crença no resultado - *Meu maior desejo é maximizar o ganho — medido em termos financeiros — no curto prazo.*
3. Crença na separatividade - *O melhor que eu posso fazer é otimizar a minha parte.*

No entanto, alguns eventos deste século, como a pandemia da covid-19, nos mostraram que não controlamos nada! Ou que comando e controle não nos sustentam mais para dar conta de fazer gestão. Vivemos incerteza e não controle.

Ver resultado apenas se houver lucro imediato mostrou-se insatisfatório. A crença na separatividade impede a prática da interdependência e o crescimento das equipes.

Centremos nossa atenção na interdependência, que tem como premissa a necessidade de interação. É o equilíbrio entre a independência e a dependência. Cada um tem independência para agir, mas precisa considerar o impacto que causa nos outros. Nesse contexto, há desafios e dificuldades: não é fácil lidar com indivíduos que se percebem independentes, que não conseguem pensar no grupo e no que causam aos demais integrantes; tampouco é simples tratar com indivíduos dependentes, que não contribuem para a equipe e deixam as responsabilidades diluídas, apoiadas por decisões de outros.

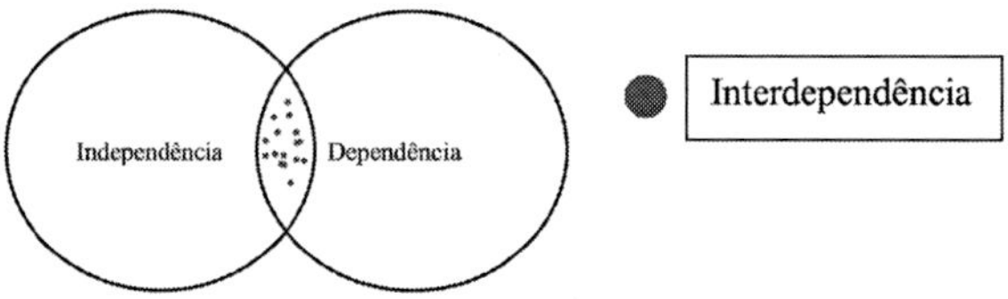

Figura 6: Representação de interdependência

Para praticar interdependência, precisamos ter consciência da presença do outro e lidar de maneira apropriada com diferenças e posicionamentos divergentes. As relações afetivas são um elemento de peso nessa coexistência. O convívio intenso leva as equipes a formarem relações mais próximas e solidárias, e as impele a lidar com emoções, não necessariamente boas. Há amores e desamores, coleguismo e rivalidades, entendimentos e desentendimentos. Há reações emocionais, e o resultado é fruto da forma como os integrantes reagem ou lidam com elas. Então, a interdependência vai gerando a solidariedade, que é um desejo espontâneo de ajudar os outros.

Outro fator importante a considerar na prática é a diferenciação de papéis. Ainda que haja colaboração, as definições são necessárias: quem faz o quê, quais são os limites, a autonomia, as responsabilidades.

Para ser uma equipe interdependente, é necessário conhecer o outro — características, contribuições, limites, diversidades. E cada pessoa tem de saber como impacta e como é impactada pelos demais integrantes. Nesse contexto de relações complexas, é melhor a equipe contar com um número limitado de pessoas.

Mais um elemento a ser considerado aqui é a linguagem. Entendimento comum, cumplicidade, códigos compartilhados e símbolos comuns facilitam a consecução de objetivos comuns. Nas áreas de informática, entre médicos, ou entre advogados, quem não pertence a essas atividades tem dificuldade em acompanhar a linguagem. As equipes interdependentes, entretanto, têm instalada sua linguagem própria e se beneficiam dela como no jogo de vôlei, por exemplo, em que o conjunto dos atletas combina jogadas com símbolos (com os dedos fazem os sinais nas costas, mostrando o que deve ser feito).

Interdependência, portanto, requer equilíbrio entre dependência e independência, com consciência, diferenciação de papéis, objetivos comuns e boas relações afetivas.

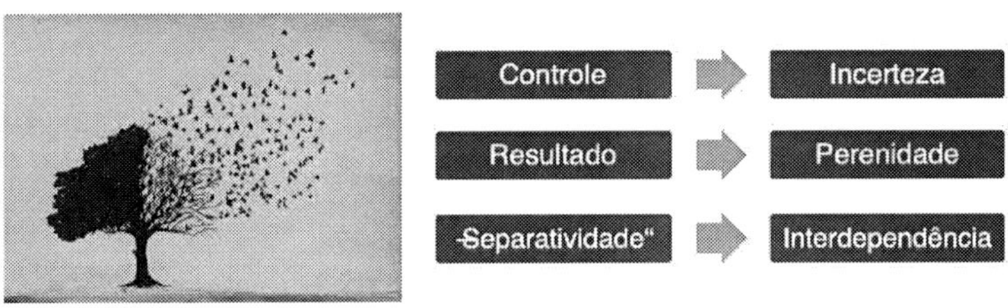

Figura 7: Separatividade e interdependência

PENSAMENTO SISTÊMICO

O pensamento sistêmico nos torna conscientes do fato de que todas as coisas fazem parte de um sistema e, portanto, estão relacionadas e influenciam umas às outras (essa definição está intimamente ligada à interdependência, sendo a interdependência a base do pensamento sistêmico). Isso vale tanto para o corpo humano como para uma cidade ou a empresa na qual você trabalha. Os grandes problemas que enfrentamos atualmente são interligados e interdependentes de tantas formas que nem conseguimos imaginar, e cabe a nós buscar, cada vez mais, enxergar essas conexões para ter uma compreensão melhor da realidade.

No livro *A Quinta Disciplina*, de Peter Senge, a quinta disciplina é exatamente o pensamento sistêmico, que é o *crème de la crème* da gestão. O autor contrapõe o pensamento sistêmico, necessário para lidar com desafios complexos, ao pensamento linear e analítico, que se mostra reducionista e insuficiente dada a realidade. As competências *facilitação* e *colaboração* têm tudo a ver com o pensamento sistêmico, pois tal abordagem é a valorização da multiperspectiva e da multidisciplinaridade.

Marcos Thiele, um dos sócios da Adigo, define com estas palavras o pensamento sistêmico na prática: Compreender um contexto de incerteza radical com mudanças inesperadas exige diferentes perspectivas. Trata-se de adotar sem subterfúgios uma visão sistêmica concreta. Em um sistema complexo, a parte nunca pode compreender o todo, apenas o todo pode reconhecer a si mesmo. E o que é o todo na decisão estratégica de uma organização? O mais perto que podemos chegar de conhecer a realidade é integrar a diversidade de visão de todo o grupo que avalia uma solução. "*Decisão coletiva é mais importante que certezas pessoais*".

Como já dito anteriormente, o mundo é complexo e incerto. Nesse contexto, portanto, as decisões coletivas ganham mais força do que as opiniões pessoais. Uma definição clássica é que a visão sistêmica é a capacidade de identificar as ligações de fatos particulares do sistema como um todo.

Vamos a um exemplo prático:

Na pandemia da covid-19, na época em que o ministro da saúde era Luiz Henrique Mandetta, ele deu uma entrevista dizendo que o *lockdown* era necessário porque com menos movimento na rua, teríamos menos circulação de motos e carros, e com isso menos acidentes. Com menos acidentes, menos leitos de hospitais seriam ocupados e estariam liberados para o atendimento dos doentes da covid.

Esse pensar do impacto da parte no todo é um pensamento elaborado, e cada vez mais as organizações estão carentes dessa competência. O pensamento sistêmico, portanto, é a habilidade de entender os fatos não apenas em si mesmos, mas em relação às outras pessoas e instâncias envolvidas na situação. Ou seja, se você tem um pensamento sistêmico, você é capaz de entender quais serão as implicações de um acontecimento para os envolvidos diretamente e, também, para quem está indiretamente relacionado na situação. Todas as outras competências descritas anteriormente contribuem para o pensamento sistêmico, integrado.

Como líder, para praticar e contribuir com um pensamento sistêmico na organização, compartilhe o planejamento estratégico, que deve ser um documento de conhecimento geral. As pessoas tendem a se envolver mais quando sentem que estão realmente participando. Além disso, conhecendo as metas, elas saberão para onde o trabalho está caminhando, e isso tem reflexo no dia a dia da operação. O líder deveria estimular a construção coletiva de um diagnóstico que aponte os desafios críticos e oportunidades emergentes, a partir das forças internas e externas à empresa, e criar espaço para estabelecer conexões entre esses aspectos à luz das diferentes dimensões da organização e de seu processo de crescimento e desenvolvimento (ver capítulo 1).

Uma visão mais sistêmica da realidade permite que um líder tome decisões mais acertadas e obtenha resultados mais sustentáveis de longo prazo. Quando o líder tem visão sistêmica do contexto em que está inserido, também consegue evitar efeitos colaterais indesejáveis de suas atitudes que nem sempre são óbvios.

Nos ecossistemas complexos e globalizados em que as organizações de hoje atuam, tomar decisões é algo cada vez mais incerto. Portanto, vale repetir a máxima: decisões coletivas são mais importantes que certezas pessoais!

ALTRUÍSMO COMO COMPETÊNCIA

O que é altruísmo?

A definição mais clássica é que o altruísmo é o oposto do egoísmo. Vendo de outra maneira, entendemos altruísmo como o equilíbrio entre olhar para si e olhar para o outro:

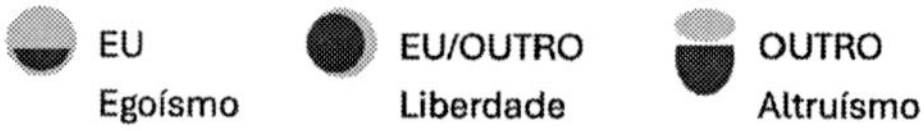

Figura 8: Altruísmo *versus* Egoísmo

O ser humano, na busca do equilíbrio entre pensar em si e pensar no outro, procurando um caminho de liberdade, do individualismo à autoconsciência e do egoísmo ao altruísmo, desenha uma trilha evolutiva. Não é possível pensar em si o tempo todo e desconsiderar os outros, assim como não é equilibrado pensar nos outros o tempo todo e esquecer de si próprio.

O maestro Tom Jobim, na canção Wave, diz que é impossível ser feliz sozinho! Aqui, entendemos o poeta não no sentido do amor romântico, mas na dimensão coletiva: não é possível ser feliz sozinho quando meu entorno não é feliz! Há pessoas doentes, passando fome, há guerras, sofrimento, e isso me afeta.

Nos últimos tempos, as competências exaltadas são *performance*, velocidade, competitividade, agilidade. As qualidades humanas estão esquecidas ou são consideradas menos importantes. O que queremos é resgatar as competências de liderança que construam um mundo melhor, com pessoas melhores — pessoas criativas, gregárias, colaborativas, comprometidas e felizes. Para isso, a competência do altruísmo é primordial.

As empresas também são cada vez mais exigidas a tocar em pautas como proteção ambiental, responsabilidade social e diversidade.

Daniel Burkhard (2015) entende que o altruísmo depende de uma nova consciência. Até este momento, o que nos conduziu foi o nosso ego. O grande desafio da nova consciência é substituir o ego, cuja existência depende do apego às coisas, pelo eu. O eu, por sua vez, traz a consciência para controlar os impulsos e as cobiças e decidir livremente a partir dele e não do ego.

O egoísmo é um instinto tanto humano como animal: os animais disputam a comida, a caça, as fêmeas do bando etc. Já o altruísmo é uma qualidade eminentemente humana. Enquanto o egoísmo nos puxa para a esfera animal, o cultivo do altruísmo exige um estado de atenção constante sobre nossos impulsos. O altruísmo é uma atitude, um comportamento, um estilo de vida, e por isso podemos chamá-lo de competência. Ele depende da atuação individual no mundo.

Os líderes altruístas têm interesse genuíno, prestam atenção às manifestações dos membros de sua equipe — às palavras, aos gestos, às ideias. Têm conversas genuínas e não apenas conversas utilitárias do tipo "já fez o relatório que eu pedi?". Esse interesse genuíno se contrapõe ao egoísmo e nos aproxima do altruísmo.

Líderes altruístas respeitam a liberdade do outro. Criam um ambiente positivo, no qual as pessoas conseguem participar sem julgamentos ou retaliações. O respeito também se evidencia na forma como tratamos a natureza, os animais e tudo que nos cerca.

A empatia é a linguagem do coração, é a capacidade de se enriquecer com o outro, de entrar no seu mundo de sentimentos, alegrias, dores, medos preocupações e frustrações.

Na relação com os outros, os líderes compreendem suas preocupações. Essa compreensão gera segurança, e segurança gera confiança mútua.

"Na fraternidade, existe a expectativa e a confiança mútua de que cada participante atue de forma altruísta."

(Daniel Burkhard)

Com confiança mútua, pode-se estabelecer uma relação ganha-ganha e todos se fortalecem a partir de um propósito comum. A geração de valor passa a ser indicador de sucesso, tanto quanto taxa de retorno e fatia de mercado. Colocam-se dimensões qualitativas e indicadores de sustentabilidade para além das métricas tradicionais e contabilidade de curto prazo. Exige-se, portanto, comprometimento a partir de um princípio, um jeito de fazer negócios.

Então, o altruísmo pode emergir como atitude individual a partir de uma consciência mais ampla das pessoas em relação ao outro e seu ecossistema. Para Daniel Burkhard, esse impulso se dá mesmo que como forma ampliada de individualismo. Isto é muito curioso: na medida em que a autoconsciência se expande, o impulso altruísta vai além das relações íntimas e familiares na direção da comunidade, da cidade, do país, até chegar ao nível da consciência planetária de pertencimento e interdependência. Nessa perspectiva expandida, o egoísmo — como amor exagerado em relação aos próprios interesses — se conecta com a busca altruísta de trabalhar para o bem comum, já que os próprios interesses passam a ser também os interesses do coletivo. Ou seja, o altruísmo como atitude torna-se impulso para engajar e proporcionar significado a pessoas e organizações por meio da realização da missão social do indivíduo, exercendo sua vocação e seus potenciais em favor de um bem maior. Se o significado da vida é encontrar e desenvolver nossos talentos, o propósito da vida é compartilhá-los.

Tal como salienta Burkhard, a mudança está vindo de baixo para cima, ou seja, dos indivíduos para o coletivo. As condições do contexto são favoráveis a uma abordagem mais holística, integradora e inclusiva. O indivíduo, consciente e em rede, tem cada vez mais poder e é capaz de liderar a transformação nas organizações e na sociedade.

Não existe altruísmo sem amor. Para ser altruísta, há que ser, também, um líder amoroso.

Procurei a Deus, não encontrei.
Procurei a mim, não encontrei.
Procurei o próximo, e encontrei os três.
Ninguém é autossuficiente para viver só.
Todos nós precisamos do próximo para sermos nós mesmos.

Dejanyr de Oliveira Vieira

REFERÊNCIAS BIBLIOGRÁFICAS

BURKHARD, D. ***Nova Consciência – Altruísmo e Liberdade***. São Paulo: Antroposófica, 2015.

CAVALCANTI, V; CARPILOVSKY, M; LUND, M; LAGO, R. – ***Liderança e Motivação.*** Rio de Janeiro: FGV, 2006.

SENGE, P. ***A Quinta Disciplina***. Editora Bestseller, 2009.

Bernard Lievegoed [1]

Capítulo 3

Como os líderes percebem o futuro?

Viver é realizar no presente os sonhos do futuro.

Rudolf Steiner

No capítulo anterior, trouxemos nossa visão das competências essenciais para um líder atuar no futuro com base na nossa experiência com mais de 35 anos formando líderes de líderes e trabalhando como mentores, *coaches* e consultores de lideranças diversas.

Este capítulo é dedicado a explorar como os líderes de líderes entendem as competências do futuro no dia a dia corporativo. Com base concreta nessa exploração, realizamos dez entrevistas com CEOs ou diretores de empresas que lideram outros líderes em empresas clientes da Adigo Consultoria. Trata-se de empresas de diferentes ramos que são referências de mercado. Como esses presidentes e diretores entendem os desafios para o líder do futuro? Quais são suas prospectivas? Como estão preparando suas equipes para os desafios futuros?

As entrevistas propostas junto a esse público descrevem as características e competências de um líder pela ótica de quem o lidera. Conversamos com executivos que voluntariamente quiseram participar e trazer suas percepções sobre o tema.

Fizemos 23 perguntas e dividimos as respostas em quatro blocos:

Bloco 1 - Definição de líder competente.

Bloco 2 - Desafios do líder do futuro.

Bloco 3 - O que é preciso desaprender para liderar no futuro?

Bloco 4 – Como a inteligência artificial, conectividade e diversidade impactarão a liderança?

As questões e respostas foram gravadas, transcritas e agrupadas nos quatro blocos. Além disso, o questionário contou com outro bloco, de temas relativos aos dados sociodemográficos dos respondentes (sexo, idade, escolaridade e função).

Perfil dos entrevistados

Gênero
A maioria dos respondentes era do sexo masculino (90%), com apenas uma respondente do sexo feminino (10%).

Idade
A faixa etária predominante foi de 50 a 59 anos (60%), seguida por 40 a 49 anos e acima de 60 anos (20% cada).

Escolaridade
A maioria dos entrevistados tinha pós-graduação completa (80%), enquanto 20% tinham curso superior completo.

Cargo
A maioria dos participantes ocupava o cargo de CEO (80%), e os demais eram diretores (20%).

Resultados obtidos:

Bloco 1 - Como você define um líder competente? E quais são as competências essenciais do líder?

Esta é uma síntese do que define um líder competente na opinião dos entrevistados:

1 **Equilíbrio e visão**
Um líder competente equilibra resultado com visão estratégica, considerando presente, passado e futuro.

2 **Desenvolvimento de pessoas**
Gosta de desenvolver pessoas, pensa no bem-estar das pessoas, lidera pelo exemplo, inspira e estimula o pensamento crítico.

3 **Comunicação clara**
Dá direção clara, alinha expectativas e comunica a importância dos objetivos. Ouve os diferentes stakeholders.

4 **Mobilização e integração**
Mobiliza recursos humanos para resultados superiores por meio de ações integradas, evitando a competição interna e promovendo um ambiente justo e colaborativo.

As competências que sintetizam um líder competente, na visão dos entrevistados, são aquelas que resumem o papel do líder em nosso entendimento. Em última análise, o que faz um líder?

Para nós da Adigo, um líder tem três papéis fundamentais: é um administrador, é *coach* e é mobilizador. No papel de gestor, cuida dos resultados e da alocação dos recursos. No papel de *coach*, desenvolve as pessoas. E no papel de mobilizador, oferece visão de futuro e direção clara. Podemos dizer que o líder atua nos quatro níveis da organização: recursos, processos, relações e identidade, conforme a figura abaixo:

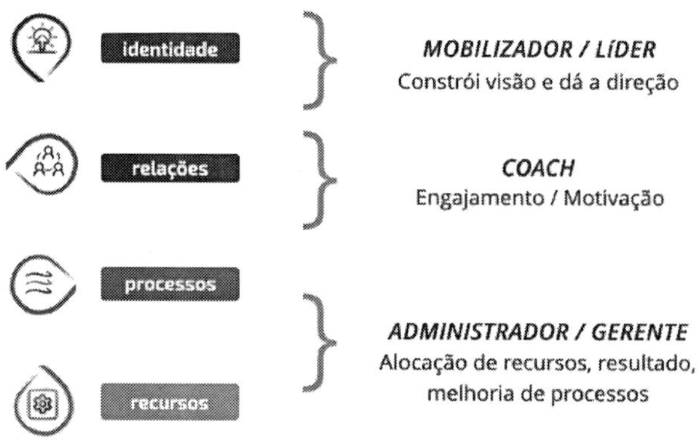

Figura 10: Papéis fundamentais do líder

As competências trazidas pelos entrevistados como definidoras de um líder competente têm uma estreita relação com as competências que já foram tratadas aqui, como a capacidade de mobilizar as pessoas para o líder facilitador, conforme descrito no capítulo 2.

Essas competências que definem um líder competente hoje darão conta dos desafios do futuro? Os entrevistados refletiram sobre essa questão pensando nos desafios que teremos no futuro.

Bloco 2 - Quais os desafios dos líderes do futuro? Quais competências atenderiam a esses desafios? O que você gostaria de ver os líderes fazendo no futuro?

Aqui estão alguns dos principais pontos que sintetizam os desafios dos líderes do futuro:

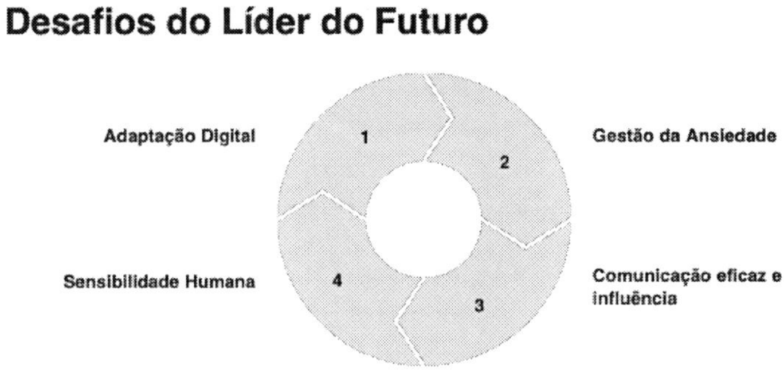

Figura 11: Desafios do líder do futuro

Estes já são desafios do presente e continuarão a ser desafios no futuro.

Adaptação digital - Com a velocidade da informação e a transformação digital, os líderes precisam ser ágeis para acompanhar e implementar novas tecnologias. Integrar avanços tecnológicos, como a IA, sem perder o foco no elemento humano, identificando talentos, lidando com as diferenças e mantendo o engajamento.

Gestão da ansiedade - A velocidade das mudanças gera uma pressão constante. Os líderes precisam manter a sanidade mental e o equilíbrio emocional, ajudando suas equipes a finalizar projetos em um ambiente acelerado.

Sensibilidade humana - Com a crescente complexidade social e humana, é crucial que os líderes demonstrem um genuíno interesse pelas pessoas e uma sensibilidade apurada, evitando posturas enviesadas que possam prejudicar o engajamento da equipe. Ter a coragem de mostrar vulnerabilidades e pedir ajuda é fundamental para construir confiança, trabalhar colaborativamente com novas gerações que buscam propósito e não apenas obedecer a ordens. Mudar o *mindset* de comando e controle para uma abordagem mais colaborativa e respeitosa.

Comunicação eficaz e influência: Saber se comunicar de maneira eficaz é vital, pois a comunicação define a imagem do líder e sua capacidade de influenciar. Competir com inúmeros influenciadores externos torna essa tarefa ainda mais desafiadora.

> Esses desafios demandam líderes resilientes, adaptáveis e profundamente conectados com suas equipes e o ambiente externo.

Neste resultado, há uma conexão com o capítulo anterior, uma vez que a questão da visão sistêmica e valorização dos aspectos humanos e relacionais da gestão aparecem aqui também nas respostas dos entrevistados. Um ponto a ressaltar nas respostas é a capacidade de lidar com a ansiedade como um desafio.

Comportamentos importantes que apoiarão os líderes para que possam cuidar dos desafios:

Percepção

Liderar com atenção aos momentos dentro e fora da empresa.

Escuta

A escuta ativa é essencial para compreender os desafios da equipe.

Aprendizado

O líder deve ser um eterno aprendiz, atualizando seus conhecimentos.

Figura 12: Comportamentos para desenvolver

Bloco 3: O que os líderes precisam desaprender para liderar no futuro?

Aqui está um compilado das respostas sobre o que os líderes precisam desaprender para liderar no futuro:

1 Abandonar o estilo *workaholic* e buscar equilíbrio.

2 Sair dos dogmas e modismos que não se aplicam à sua realidade.

3 Desaprender o uso exclusivo de comando e controle.

Figura 13: Coisas para desaprender

Abandonar o estilo *workaholic*: deixar de lado a busca incessante por crescimento financeiro e dedicar mais tempo ao equilíbrio entre vida pessoal e profissional.

Sair dos dogmas e modismos: abandonar modelos de gestão cristalizados e modismos que não se aplicam à realidade de cada empresa.

Desaprender a usar só hierarquia: entender que o mundo mudou e que os padrões são outros. O modelo de comando e controle não se aplica mais. Escutar mais e ter a humildade de admitir que não sabe tudo.

As respostas sobre o que os líderes devem desaprender reforçam a tendência de ser o líder um facilitador, alguém que constrói caminhos em conjunto, mostra-se vulnerável, não tem todas as respostas e sabe escutar a equipe. Também chama a atenção a necessidade de equilíbrio entre os papéis profissionais e seus outros papéis, buscando tempo para seus interesses pessoais.

O Bloco 4 traz as perguntas sobre como a inteligência artificial, a diversidade e a conectividade impactarão a liderança.

Aqui está uma síntese das respostas dos entrevistados sobre o impacto dessas tendências no futuro:

a) **Inteligência artificial (IA)**:

- **Ferramenta de apoio**: a IA ajudará na automação de tarefas operacionais, liberando tempo para a criatividade e o pensamento crítico.

- **Impacto na produtividade**: a IA terá um efeito significativo na produtividade, similar ao impacto da internet.
- **Potencial para simplicidade e preguiça**: há um risco de dependência excessiva, levando a conclusões simplistas e à redução do pensamento crítico.
- **Complemento ao espírito humano**: a IA não substituirá o espírito humano, mas será uma ferramenta para melhorar decisões e processos.
- **Evolução e integração**: a IA será inevitavelmente integrada à gestão dos negócios, exigindo aprendizagem contínua para dominá-la.

b) **Diversidade**:

- **Barreiras sociais**: ainda existem barreiras significativas em gênero e raça, e muitas iniciativas de diversidade são superficiais.
- **Valor da diversidade**: ambientes diversos trazem pensamentos diferentes, enriquecendo a tomada de decisões.
- **Nova geração**: a nova geração é naturalmente mais inclusiva, mas há desafios intergeracionais em lidar com diferentes ideias e estilos.
- **Responsabilidade empresarial**: as empresas devem apoiar iniciativas que mitigam desigualdades, especialmente em setores historicamente machistas.

c) **Conectividade**:

- **Modelo híbrido**: a tendência é um modelo híbrido, combinando trabalho remoto e presencial.
- **Conectividade humana**: foco na conectividade humana é essencial para extrair o máximo das pessoas.
- **Limites da conexão permanente**: estar conectado 24/7 não é saudável; é importante desconectar para manter um equilíbrio.
- **Evolução rápida**: a conectividade já impacta profundamente as relações de consumo e produtividade.
- **Impacto geopolítico e econômico**: a comunicação instantânea transformou o mundo em uma grande aldeia global.
- **Interação humana**: a interação presencial ainda é valiosa, mas a conectividade digital não tem volta e precisa ser regulamentada para evitar abusos.

> Essas tendências moldarão um futuro em que a tecnologia e a diversidade estarão integradas de maneira que potencialize a criatividade humana, mantendo um equilíbrio saudável entre a conectividade digital e a humana.

CONCLUSÃO

Este capítulo visou compreender quais características de liderança são percebidas pelos executivos entrevistados como características essenciais para o presente e o futuro. Com as entrevistas realizadas, foi possível identificar as características de liderança enquanto práticas e comportamentos esperados.

Um dos resultados das entrevistas foi a identificação das práticas relativas às cinco competências descritas no capítulo 2, como visão sistêmica, facilitação e colaboração. Por outro lado, foi identificado que os líderes devem dar atenção ao autodesenvolvimento, ao equilíbrio entre vida pessoal e profissional e a questões como promover o desenvolvimento do colaborador e ajudar o meio ambiente e a comunidade, comportamentos que estão atrelados à competência do altruísmo explorada no capítulo 2.

Para os entrevistados que entendem as organizações como contextos para promover o desenvolvimento de seus liderados, é necessário que se ofereça condições dignificantes, como autonomia, respeito às contribuições e oportunidade para aprender e se desenvolver, em contraponto ao *mindset* de comando e controle.

Finalmente, nota-se a aplicabilidade das competências na prática da gestão. As características de líderes do futuro são elementos a serem considerados pelos gestores na busca da promoção das dimensões humanas e técnicas em suas organizações. Teoricamente, as políticas na organização sobre desenvolvimento dos colaboradores são as mesmas. As percepções, no entanto, são diferentes, dependendo do comportamento dos líderes. Os gestores, seus comportamentos e atitudes podem estar gerando uma percepção distinta da que se imagina.

À medida que o mundo do trabalho continua a evoluir, as competências exigidas de líderes também se transformam. O líder do futuro precisará contar com um conjunto diversificado de habilidades que não apenas maximizem o desempenho da equipe, mas também preparem a organização para os desafios constantes e a inovação necessária em um cenário global dinâmico.

Para nossos entrevistados, as competências do futuro são competências do presente, resumidas em quatro *clusters*:

1. Equilíbrio e visão

- Diante das rápidas mudanças tecnológicas e sociais, a adaptabilidade é uma competência crucial. Os líderes devem ser resilientes, devem estar prontos para ajustar suas estratégias e abordagens em resposta às novas demandas e circunstâncias, além de liderar suas equipes em meio a incertezas.

2. Desenvolvimento de pessoas

- Os líderes do futuro precisam ser emocionalmente inteligentes, capazes de reconhecer e gerenciar suas próprias emoções e as dos outros. A empatia, a comunicação clara e a capacidade de construir relacionamentos sólidos são fundamentais para promover um ambiente colaborativo e inclusivo.

3. Comunicação clara

- Líderes eficazes precisam ter habilidade para analisar situações complexas, tomar decisões e comunicá-las de forma clara. Essa competência envolve avaliar criticamente as informações e ouvir as pessoas que possam contribuir.

4. Mobilização e integração

- Com a crescente digitalização e o uso da tecnologia no ambiente de trabalho, um líder moderno deve ter um entendimento sólido das ferramentas digitais e ser capaz de integrar a tecnologia nos processos da equipe. Isso inclui o uso de plataformas de colaboração e análise de dados para a tomada de decisão.

Concluindo, as competências do líder do futuro não envolvem apenas habilidades técnicas, mas incluem também conectar-se com as pessoas e fomentar um ambiente que estimule a criatividade e a inovação. À medida que continuamos a testemunhar mudanças significativas no local de trabalho, estar preparado e disposto a evoluir será vital para garantir o sucesso não só individual, mas também coletivo. Os líderes que investirem no desenvolvimento dessas competências estarão melhor posicionados para guiar suas organizações em direção a um futuro promissor e sustentável. As competências relativas às habilidades tecnológicas serão melhor exploradas no capítulo 4.

REFERÊNCIAS BIBLIOGRÁFICAS

CRESWELL, J.W. ***Projeto de Pesquisa: Método Qualitativo, Quantitativo e Misto***. Tradução: Luciana de Oliveira Rocha – 2.ed - Porto Alegre: Artmed, 2007.

VALENTIM, M. L. P. (Org.). ***Métodos Qualitativos de Pesquisa em Ciência da Informação.*** **São Paulo: Polis, 2005. 176p. (Coleção Palavra-Chave, 16).**

MOGGI, Jaime. ***Liderando pela Essência.*** São Paulo: Antroposófica, 2015.

CAPÍTULO 4

Desafios humanos da liderança em tempos de IA

Conheça todas as teorias, domine todas as técnicas, mas ao tocar uma alma humana, seja apenas outra alma humana.

C. JUNG

Um aspecto inerente ao líder do futuro é lidar com o futuro emergente em um cenário de transformações, incertezas e complexidade. Nos últimos tempos, é perceptível a aceleração das mudanças que impacta a vida de todos nós. A velocidade das transformações sociais, culturais e econômicas é impulsionada pelos avanços da revolução tecnológica, que se conecta com outras megatendências – como por exemplo mudanças demográficas e sociais, mudanças na ordem econômica global e reordenamento geopolítico, mudanças climáticas e escassez de recursos naturais, etc. –, compostas por inúmeros fatores interrelacionados. Disso, decorre um estado de crescente complexidade e imprevisibilidade, que afeta nossa forma de lidar com a mudança. A evolução exponencial das tecnologias de informação e comunicação é, portanto, um fator central e catalizador dessa aceleração.

Nesse contexto, a "capacidade de adaptação rápida frente às mudanças tecnológicas" representa um desafio significativo destacado pelos líderes entrevistados no processo de desenvolver a necessária habilidade tecnológica, especialmente frente ao impacto cada vez maior das tecnologias no ambiente de negócios e na sociedade. A urgência de "acompanhar a evolução acelerada e integrar a inteligência artificial ao dia a dia do trabalho", mencionada pelos líderes, expõe um dilema da nossa época: a tecnologia tem como característica a evolução exponencial, enquanto o ser humano e as organizações não. Enquanto líderes, será viável — ou mesmo desejável — correr atrás da evolução acelerada da tecnologia? E, em que medida a crescente dependência do uso da tecnologia pode representar um risco para o florescimento de capacidades humanas que podem ser importantes no contexto atual e no futuro? Se lidar com a mudança já não é uma escolha, mas um imperativo, **é preciso refletir sobre** o alcance da contribuição e os limites da tecnologia — e mais especificamente da inteligência artificial — para que líderes e organizações possam lidar com o futuro emergente.

Neste capítulo, vamos aprofundar a reflexão sobre a relação do ser humano com a tecnologia, no contexto da emergência da inteligência artificial generativa, contextualizando a habilidade tecnológica em relação a outras capacidades humanas, com ressonâncias nos processos de desenvolvimento de líderes e organizações.

Impactos da IA na liderança e na organização

O advento e a disseminação da inteligência artificial têm provocado debates acalorados sobre os impactos no mundo do trabalho e na vida de todos nós, com oportunidades e desafios que precisam ser endereçados por todos os atores sociais, especialmente os líderes. O termo inteligência artificial foi cunhado ainda na década de 1950, mas nos últimos dez anos, e especialmente nos últimos dois anos, ganhou os holofotes com a IA generativa, uma tecnologia que cria conteúdos como imagens, vídeos, textos, músicas e áudio e que pode aprender com dados e gerar novas instâncias de dados. Um dos fatores que explica esse impulso recente é o fato de a IA generativa se alimentar dos dados disponíveis na rede, processar e aprender com eles em um contexto em que a geração de dados vem crescendo de forma exponencial, na medida em que o uso da internet móvel se democratizou e o ambiente digital permeia, cada vez mais, o mundo do trabalho e nossas vidas em geral.

Nas organizações, a IA tem sido percebida como impulso para potencializar o já acelerado processo de transformação digital, especialmente na automatização e personalização, como ferramenta para melhorar a produtividade e a eficiência. Em uma ampla pesquisa realizada pela rede global Deloitte, divulgada em agosto de 2024*, realizada com mais de 2.700 líderes de organizações de todo o mundo, destaca-se a ampliação sensível de investimentos em IA generativa para a gestão de dados, mas ainda há dificuldades na mensuração de resultados e esforços. A passagem do potencial dessa tecnologia para *performance* efetiva ainda é uma questão em aberto, porém existe a percepção de que se trata de uma inovação que veio para ficar, que aumentará a capacidade humana e a geração de valor. Em boa parte das empresas, os indivíduos já estão aplicando e experimentando a IA generativa no seu dia a dia, sendo poucas, entretanto, as organizações já com políticas e estratégias claras a esse respeito. Isso tudo em um contexto em que a regulação é discutida (e, inclusive, desejada por parte de muitos líderes e especialistas da indústria da tecnologia).

Em relação ao uso intensivo da inteligência artificial nas organizações, os líderes entrevistados mencionam o risco da simplificação excessiva, da preguiça e, principalmente, da perda do senso crítico como pontos de atenção que os líderes terão de considerar. Na medida em que muitas atividades hoje realizadas pelos seres humanos serão realizadas pela tecnologia, o pensamento crítico, autônomo e criativo, bem como a capacidade de identificação de problemas, são capacidades humanas que tendem a se tornar ainda mais relevantes. Frente ao risco iminente de limitarmos a capacidade de pensar por conta própria e delegarmos decisões às inteligências artificiais, que nos conhecer**ão** cada vez melhor e que agem com velocidade estupenda para acessar e disponibilizar conhecimento, podemos prever impactos sensíveis nos processos de desenvolvimento individual e coletivo, especialmente na esfera da educação, seja de jovens, seja de adultos.

Se por um lado a IA impulsionar**á** a amplitude e a velocidade para a avaliação de fatores para a tomada de decisão, por outro, poderá promover a inibição da autonomia de pensamento e da capacidade de questionar as respostas trazidas pela inteligência artificial. Quanto menor for a capacidade de pensar de forma crítica e criativa — inclusive para avaliar, editar e transformar as contribuições da IA —, maior será a chance de substituição pela tecnologia. Portanto, o processo de desenvolvimento humano e organizacional passa pela promoção de espaços de troca e reflexão, impulsionado, sim, pelas contribuições da inteligência artificial, mas também pelas experiências subjetivas e pelos diferentes pontos de vista. Nesse contexto, a arte de fazer perguntas poderosas será ainda mais valiosa, em um mundo onde informação e conhecimento estarão disponíveis de forma abundante.

Se ampliarmos o olhar para compreender os impactos da IA nas organizações, a partir da visão holística e integrada abordada no capítulo 1, na dimensão concreta dos recursos e racional dos processos, podemos assumir que a IA contribuirá diretamente para a eficiência operacional, automatizando processos, facilitando a gestão de dados e favorecendo a agilidade. Na dimensão subjetiva das relações, a capacidade de promover a personalização do atendimento aos clientes será ainda mais potencializada. Por outro lado, a tecnologia não substituirá a capacidade humana de estabelecer e cultivar relações. Com a pandemia, experienciamos a ampliação das possibilidades de conexão, trabalho remoto e troca de conhecimento possibilitadas pela tecnologia, mas foi possível perceber também que, de forma alguma, a tecnologia substitui a qualidade dos encontros presenciais e da experiência sensorial para a construção de vínculos, colaboração e cocriação. Já em relação à identidade, dimensão arquetípica e sutil, que representa o aspecto essencialmente humano — ou mesmo espiritual — de uma organização, qual pode ser o impacto da IA? Podemos supor que agentes de IA, alimentados pelos conteúdos norteadores da identidade da organização, poderão auxiliar no direcionamento de políticas, processos e comportamentos. Mas fazer emergir os fundamentos da cultura e as questões éticas que definem e movem um determinado grupo ou organização demanda a mobilização da inteligência natural, como produto das experiências, valores, emoções e intenções humanas presentes. A consciência e o engajamento em torno da identidade organizacional é e será fundamental para facilitar a avaliação crítica de líderes e organizações sobre os impactos da tecnologia em seu ambiente de negócios, à luz da evolução de sua cultura, dos seus desafios e objetivos estratégicos. Portanto, a visão compartilhada da identidade será essencial para nortear os processos de seleção, aplicação e gestão da IA e outras tecnologias emergentes.

O desenvolvimento da habilidade tecnológica na liderança, nesse contexto, não se dará necessariamente pelo domínio técnico, mas pela compreensão da sua relevância e significado para os negócios, para a vida da organização e das pessoas. Como pano de fundo, reside a necessidade de desenvolver a capacidade de adaptabilidade e resiliência para lidar com a mudança. Os ciclos de desenvolvimento tecnológico são cada vez mais curtos, o que exige humildade e colaboração para que os impulsos de transformação tenham significado compartilhado e promovam a aprendizagem coletiva. Para tanto, um aspecto importante a ser considerado é a natural resistência às mudanças, que pode acontecer com o próprio líder, assim como de maneira disseminada na organização. Novas tecnologias impõem novos hábitos, novas formas de pensar e fazer. Será preciso criar espaços para esclarecimento e ampliação de perspectiva, com empatia para reconhecer dificuldades em mudar, acolhimento em relação às **dúvidas e discordâncias e** a promoção de um sistema estruturado de aprendizagem para experimentação, implementação e avaliação da IA — e outras tecnologias — na organização.

"*Homo tecnologicus*" e a emergência da IA

Para que seja possível aprofundar a reflexão sobre o alcance das possíveis mudanças provocadas pela inteligência artificial, especialmente de longo prazo, é válido ampliarmos a perspectiva sobre a relação dos seres humanos com a tecnologia no decorrer do tempo. No livro *A Próxima Onda – IA, Poder e o Maior Meta-Problema do Século XXI**, os autores argumentam que somos todos "*Homo tecnologicus*", no sentido de que os seres humanos evoluíram de forma simbiótica com a tecnologia e que não existe ser humano sem tecnologia, mesmo nas populações mais primitivas. Nessa evolução, algumas tecnologias representaram avanços sísmicos no que o ser humano é capaz de fazer: são as chamadas tecnologias de propósito geral. A pedra lascada e o fogo podem ser considerados *prototecnologias* de propósito geral, essenciais para o desenvolvimento da humanidade, seja para criar outras ferramentas ou acessar alimentos mais ricos em proteína, seja para gerar proteção e promover a coletividade. Afinal, ao redor das fogueiras, nossos antepassados criavam laços, compartilhavam histórias e experiências, no que pode ser lido como um movimento precursor no nascimento da cultura. Da invenção da roda há milênios, decisiva para o desenvolvimento de alternativas de transporte e da agricultura, passando pelas locomotivas a vapor, em meio à revolução industrial, até o automóvel à combustão, vemos tecnologias que ajudaram a moldar a sociedade e o estilo de vida.

Na Sociedade Agrícola, as principais tecnologias surgiram a partir da necessidade de transformação da matéria. Já na Sociedade Industrial, os grandes saltos se deram na transformação da energia. Estamos agora na Sociedade do Conhecimento, em que transformar a informação passa a ser a dimensão de maior impacto e relevância. A invenção da prensa de Guttemberg representou um salto na disseminação do conhecimento, antes restrito a grupos muito específicos. Depois veio o telégrafo, o telefone, *mainframes*, computadores pessoais e smartphones, já com a *internet*, que aumentaram drasticamente a velocidade e o alcance de difusão da informação. Vivemos em um mundo hiperconectado, e o período entre a ocorrência do fato até o conhecimento do fato, que décadas atrás demorava dias ou meses, hoje acontece em tempo real. O indivíduo em rede é receptor e gerador de informação e conhecimento, o que tende a se amplificar com a disseminação da aplicação da IA generativa.

"Tecnologias de propósito geral" são "omniuso" (têm múltiplas aplicações), hiperevoluem (transformam-se de forma exponencial) e respeitam a uma lei permanente e imutável: a tecnologia torna-se cada vez mais barata e disseminada. Por exemplo, quando os celulares surgiram, eram de uso restrito e eram caros. Hoje, o número de *smartphones* em funcionamento no Brasil supera em muito o número de habitantes e, independentemente da classe social, tornou-se essencial nas nossas vidas, seja para se comunicar, acessar conhecimento, seja para se divertir ou fazer negócios. Em uma perspectiva evolutiva, cada um desses saltos tecnológicos gerou avanços significativos no que poderíamos chamar, talvez de forma genérica, de progresso, expresso no crescimento da população mundial, na ampliação da geração de riquezas (sem, necessariamente, considerar a distribuição de riquezas), no aumento da expectativa de vida etc.

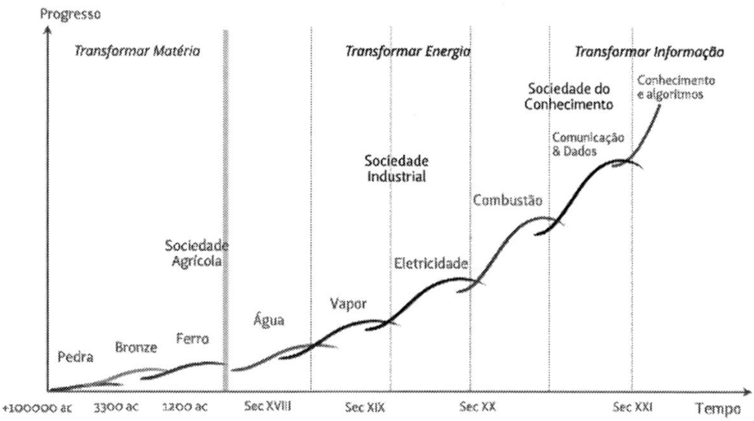

Figura 14 – A evolução das tecnologias humanas

Esta análise ampliada permite situar a inteligência artificial como principal expoente de "transformação da informação" na Sociedade do Conhecimento. Segundo os especialistas, a IA ainda se encontra em fase embrionária. Em um futuro, ainda difícil de determinar, há a perspectiva de surgir uma "inteligência artificial geral", muito mais competente e capaz do que qualquer ser humano. A hiperevolução, nesse caso, é impulsionada pela competição geopolítica (basta ver a atenção e os esforços que os EUA e a China têm dedicado ao tema), com investimentos massivos de Estados e da iniciativa privada mundo afora, além da combinação de pesquisas privadas com pesquisas abertas e distribuídas.

Tal como em outras tecnologias de propósito geral, a IA avança em conjunto com outras tecnologias — como robótica, computação quântica e biologia sintética —, gerando impactos assimétricos e autônomos, o que torna muito árdua a tarefa de prever o que vem pela frente, mesmo para os maiores especialistas do tema. Alguns dos potenciais projetados **são extraordinários: aumento** expressivo da produtividade, com maior inclusão e qualidade de vida, desenvolvimento e ampliação do acesso a alimentos, **à saúde e à** educação etc. Mas há também perigos: as *fake news* e os sistemas estruturados de desinformação, agora com as *deepfakes* cada vez mais realistas, já são desafios para democracias liberais, bem como riscos à privacidade e segurança, que afetam indivíduos e empresas. E quais serão as consequências pessoais e coletivas de mais substituição do trabalho manual e até mesmo intelectual? Sem trabalho ou com menos horas dedicadas, mesmo que com algum suporte de segurança social, como lidaremos com a falta de propósito e significado na vida das pessoas? São questões que estarão no horizonte dos líderes do futuro. Nesse sentido, é oportuno ponderar sobre em que medida a crescente presença da inteligência artificial pode fazer atrofiar competências genuinamente humanas, que podem ser ainda mais importantes em um cenário de crescente turbulência e complexidade.

A mimetização da inteligência humana e os potenciais limites da IA

A evolução da inteligência artificial se inspirou, e muito, na inteligência humana. Para compreendermos esse aspecto, é preciso salientar que a IA é um grande guarda-chuva. Debaixo desse conceito, *deep learning* é um subconjunto do *machine learning* (aprendizado da máquina), que alimenta muitas das aplicações da IA generativa. O *deep learning* busca mimetizar o cérebro humano ao trabalhar com uma arquitetura de múltiplas camadas "neurais", chamadas de "redes neurais profundas", que buscam reproduzir o poder de tomada de decisão do nosso cérebro.

Nesse contexto, é possível estabelecer um paralelo inspirador ao aprofundarmos a compreensão sobre diferentes capacidades humanas encontradas no *design* do cérebro. No livro *The Master and His Emissary*, o neurocientista e pensador Iain McGilchrist desconstrói a visão simplista do funcionamento dos hemisférios cerebrais, como razão *versus* emoção, e nos provoca a observar formas distintas de perceber e se relacionar com a realidade. Além de ampliar nosso olhar sobre outras áreas do nosso cérebro, suas funções e relações — como a sobreposição de camadas evolutivas do *cérebro reptiliano,* do sistema límbico e do córtex frontal —, o autor aprofunda as características complementares e autônomas de cada hemisfério, que, operando em conjunto, explicitam competências humanas fundamentais para viabilizar os saltos de desenvolvimento que a humanidade foi capaz dar ao longo da história. Os hemisférios são conectados pelo corpo caloso, que, ao mesmo tempo em que tem neurônios que promovem a comunicação entre os dois, contém também neurônios que inibem essa comunicação, indicando que o funcionamento autônomo de cada hemisfério tem um papel necessário.

O hemisfério esquerdo é responsável pelo pensamento lógico e analítico, e tem caráter utilitário. A partir da capacidade de distanciamento do mundo, favorece uma visão simplificada da realidade e permite um olhar objetivo, focado e preciso. Já nosso hemisfério direito, que há poucas décadas era visto como um lado adormecido ou menos relevante, é responsável por processar nossa experiência direta com o mundo concreto e nos permite sentir empatia, afeto e conexão com outras pessoas e com a realidade à nossa volta. No hemisfério direito, lidamos com o que é implícito e intuitivo, assim como perceber o contexto amplo e os fluxos de mudança. O hemisfério esquerdo é um separador da realidade, enquanto o direito é integrador.

Nos primórdios da história humana, as habilidades provenientes do nosso hemisfério direito foram determinantes, afinal, os indivíduos precisavam lidar com um ambiente hostil, no qual era essencial estar conectado e em alerta, ao mesmo tempo em que desenvolviam a habilidade de cooperar para sobreviver. Com as capacidades oferecidas pelo hemisfério esquerdo, o ser humano foi capaz de desenvolver, ao longo do tempo, o domínio do ambiente — conhecer o território, pensar de forma conceitual e abstrata, manipular materiais etc. —, o que foi determinante para os seres humanos prosperassem. Em certos períodos e locais da história da humanidade, como na Grécia antiga, os hemisférios atuaram em equilíbrio, favorecendo o florescimento de uma cultura tida como fundadora do pensamento ocidental, cujas sementes ressoam até os dias de hoje.

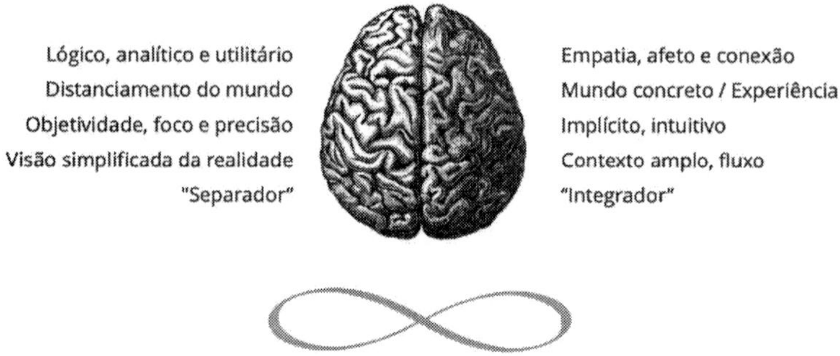

Figura 15 – Características de cada hemisfério

De acordo com McGilchrist, em sua análise histórica e cultural, a importância de cada hemisfério oscilou de forma pendular em determinados períodos, mas ele chama a atenção para o fato de que, especialmente no mundo ocidental, passamos gradualmente a valorizar mais as capacidades do lado esquerdo. A partir da modernidade, é possível verificar o predomínio do pensamento racional, a evolução da ciência e a conquista da natureza como alguns aspectos do progresso que se seguiu. Por outro lado, os alertas contra as teorias reducionistas foram atrofiados. Foram progressivamente negligenciadas algumas das fontes constantes de vigilância: a conexão com o mundo natural, a valorização das culturas tradicionais, a arte, o corpo e a relação com o sagrado. Dessas fontes, emanam alertas vitais, pois no equilíbrio dinâmico entre as faculdades humanas, nosso hemisfério direito é capaz de acessar outras dimensões de conhecimento que nos completam e são essenciais para viver.

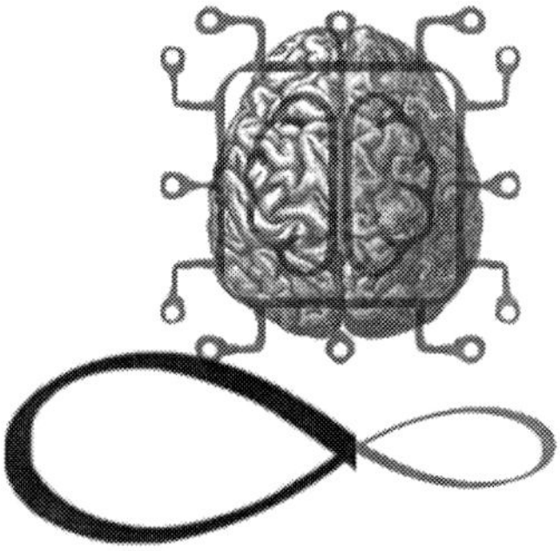

Figura 16 – Os dois hemisférios em desequilíbrio

É possível assumir que o uso intensivo da tecnologia tende a reforçar ainda mais esse desequilíbrio. A IA replica funções do hemisfério esquerdo: o raciocínio lógico, a análise de dados e o reconhecimento de padrões, a partir de um processamento estatístico absurdo. A IA já começa a mimetizar processos criativos, mas o faz pela gestão de padrões, e não pela intuição ou pelo entendimento emocional. Cada um de nós é resultado de uma base evolutiva com muitas camadas de consciência: nossa biografia, memória, motivações profundas e emoções provenientes da história do nosso corpo. O "pensar do coração" é capaz de fazer a ponte entre nossas necessidades físicas e sensoriais e nosso intelecto, mas também com nossa conexão espiritual.

Não há dúvidas sobre o potencial do uso da inteligência artificial como ferramenta auxiliar na inovação, tão necessária nesse cenário de mudanças aceleradas e desafios complexos, que exigem soluções criativas e capacidade de adaptação contínua. Mas a IA inova olhando para o passado, ou seja, para os dados e conhecimentos já existentes. A capacidade humana de acessar a imaginação, a inspiração e a intuição, bem como sentir e compartilhar as experiências e emoções, está além dos limites da tecnologia e, ao que parece, será o diferencial humano em um futuro cada vez mais mediado pela IA. A atenção, cada vez maior, dada às competências comportamentais, por parte de líderes de organizações de portes e segmentos diversos, revela que muitos líderes já têm despertado para essa necessidade. Todas as competências para o futuro exploradas no capítulo 2 —pensamento sistêmico e interdependência, facilitação, colaboração e altruísmo — ou requerem a integração das capacidades dos nossos dois hemisférios cerebrais ou representam habilidades ligadas especificamente ao hemisfério direito.

O mundo distópico, explorado tantas vezes no cinema e nas artes, em que uma inteligência artificial superpoderosa subjuga a humanidade, já não parece mais impossível. Para alguns, a realidade retratada na obra de ficção científica *Matrix* está próxima por meio dos algoritmos e do ambiente virtual que abarca parte relevante de nossas vidas, e, com potencial ganho de autonomia por parte das máquinas superinteligentes, poderá nos controlar. É verdade que nos tornamos cada vez mais dependentes da tecnologia, buscando nos atualizar em relação aos seus avanços, mas devemos tomar cuidado para não nos desumanizarmos, não nos tornarmos meros recursos humanos ou peças na engrenagem de um sistema mecânico, sem levar em conta as necessidades e os potenciais essencialmente humanos que nos constituem e serão fundamentais para lidar com a própria tecnologia e com os desafios do futuro.

A capacidade de integração e a síntese de contradições

Além de *homo tecnologicus*, devemos assumir e valorizar que somos também *homo sapiens demens*, como nos provoca Edgard Morin no seu livro *Os 7 Saberes Necessários à Educação do Futuro*. *Homo sapiens* representa o ser humano racional que, segundo Morin, coexiste com a dimensão *demens*, animal, argumentando que a racionalidade e o conhecimento dependem dos sentimentos e emoções. Somos seres complexos e, na medida em que nos distanciamos da nossa condição natural, passamos a sofrer as consequências pessoais e sociais do que Morin chama de *homo degradantis*. Essa ideia já podia ser encontrada em Nietzsche, quando ele contrapõe os *espíritos livres* como ponte para o *além do homem*, do ***último homem***. Enquanto os espíritos livres afirmam a vida em sua totalidade por meio de sua vontade de potência, cultivam espírito crítico e celebram a capacidade de criar, o último homem é resignado e busca conforto em ideais transcendentes e nas comodidades que enfraquecem a sua vitalidade, sua capacidade de agir por conta própria e construir o próprio destino.

Em sua crítica da modernidade, que antecipou muitos dos dilemas que enfrentamos atualmente, o filósofo alemão alertou para a decadência do ser humano quando priorizou excessivamente o pensamento lógico e racional. Nietzsche oferece uma metáfora poderosa quando resgata o poder da cultura grega, ao caracterizar a tensão positiva e o equilíbrio dinâmico entre impulsos arquetípicos contraditórios e complementares: Apolo (deus da razão, harmonia) e Dioniso (deus do caos e da loucura, relacionado com a emoção visceral e a conexão com os outros). Na medida em que Dioniso foi "mandado para o exílio" — de acordo com Nietzsche, a partir de Sócrates, depois com o Cristianismo e, posteriormente, substituído pelo cientificismo e o materialismo da modernidade —, gradualmente fomos nos distanciando da sabedoria dos nossos impulsos e sentimentos, da conexão com o corpo e com a natureza, da afirmação da vida e da capacidade de criar. Não devemos enxergar em Nietzsche um retorno ao passado, mas perceber o valor da ressignificação e da tensão positiva de forças opostas e complementares, para entender o passado, agir no presente e criar o futuro. Ou, como provoca Albert Einstein: "a mente intuitiva é um dom sagrado, e a mente racional é um servo fiel. Nós criamos uma sociedade que honra o servo e esquece o dom". Nesse caso, talvez não se trate então de subjugar o servo, mas de integrar e promover o dom sagrado.

A mente racional é instrumental para compreendermos o desenvolvimento da IA e outras tecnologias. Tecnologias que são produto do conhecimento humano e aceleram, cada vez mais, a capacidade humana de produzir e acessar conhecimento. No pensamento ocidental, o processo de produção de conhecimento, baseado no método científico e no empirismo, tem se valido da capacidade analítica de separação e diferenciação. Mas há também uma dimensão sutil: a sabedoria. Costumamos tratar conhecimento e sabedoria quase como sinônimos, mas não são. A sabedoria, que podemos associar ao dom sagrado mencionado por Einstein, possibilita compreender o sentido, juntar o que foi separado, integrar. O conhecimento opera com conceitos e dados, enquanto a sabedoria navega por imagens, símbolos e paradoxos.

Com isso, é possível indagar sobre como conhecimento e sabedoria podem ser integrados e trabalhados pelos líderes no contexto organizacional. O professor Ikujiro Nonaka, uma das maiores referências em criação e gestão do conhecimento, oferece uma perspectiva original e integrada ao ressaltar que o próprio conhecimento organizacional nasce a partir das interações e experiências subjetivas dos indivíduos no mundo real, gerando conhecimento tácito. Esse conhecimento é compartilhado em grupo, a partir do qual é discutido e conceitos são extraídos. O conhecimento torna-se explícito, para então ser combinado e sintetizado pela organização. Posteriormente, o conhecimento é oferecido aos indivíduos para ser praticado, tornando-se tácito novamente, formando o ciclo que compreende a espiral de criação e gestão do conhecimento. A IA certamente impulsionará em alguns aspectos desse ciclo, especialmente na gestão do conhecimento explícito, e é possível até especular o surgimento de sistemas autônomos em que a IA generativa gera conhecimento a partir de si mesma, sem conhecimento tácito. Mas a dimensão humana, subjetiva e experiencial continuará sendo propulsora de criação e gestão de conhecimento, que requerem a combinação de conhecimento tácito e explícito e, por que não, de conhecimento e sabedoria. De acordo com a teoria de Nonaka, "a empresa criadora de conhecimento vê o empreendimento de negócios como uma entidade que cria conhecimento ao sintetizar contradições", ressaltando que "a criatividade requer habilidades complementares".

No campo da estratégia, já se fala da ambidestria como a habilidade de aplicar múltiplas abordagens estratégicas em um determinado momento ou sucessivamente. Trata-se de, a partir da sensibilidade ao ambiente e da leitura dos setores de atuação, cenários e tendências, identificar os graus de imprevisibilidade, maleabilidade e aridez para escolher ou combinar abordagens estratégicas distintas. A ambidestria favorece, portanto, a capacidade de adaptação e coerência estratégica ao conectar a realidade interna com as transformações do ambiente de negócios. Na liderança, a ambidestria pode ser lida como a integração da capacidade analítica e intuitiva, de considerar fatores quantitativos de crescimento com aspectos qualitativos nos processos de desenvolvimento humano e organizacional.

O pensamento sistêmico, aprofundado no capítulo 2, compreende justamente a capacidade de lidar com a interdependência, ambiguidades e tensões entre diferentes elementos de um sistema, bem como ser capaz de compreender e lidar com a perspectiva ampla e os fluxos, e não só as partes e a fotografia. Trata-se de uma oposição crítica ao pensamento binário, linear e reducionista em favor da habilidade de lidar com a tensão de opostos, dilemas, paradoxos e contradições não necessariamente a serem resolvidos, mas sim geridos. Significa considerar o "&" em vez do "ou". A gestão de tensões viabiliza otimizar polaridades interdependentes e maximizar o benefício de ambas. De certa forma, também a colaboração, a facilitação e o altruísmo requerem a disposição de trabalhar com ambiguidades e paradoxos que, frente aos dilemas contemporâneos e desafios emergentes, exigirá dos líderes essa aptidão.

Nesse sentido, a integração de capacidades opostas e complementares representa o necessário movimento para superar os limites da tecnologia e os riscos de sua aplicação descontrolada, e para promover o potencial genuinamente humano que nos permita lidar com a complexidade do futuro emergente. A inteligência artificial ampliará absurdamente a capacidade de análise de dados e a capacidade de acessar conhecimento, mas se o cenário é turbulento e o futuro é incerto, as organizações deixam de ser máquinas que processam informação, para se tornarem realmente sistemas vivos e conscientes, que atuam de forma interdependente com seu ecossistema, que criam conhecimento e desenvolvem sabedoria, a partir do capital humano e da capacidade de aprender e se adaptar. Por mais que a IA acalente a ilusão do controle e da previsibilidade, ao facilitar o levantamento de fatores críticos e cenários possíveis, a incerteza radical, que é parte do espírito da nossa época, expõe líderes e organizações ao dilema de lidar com o futuro: a visão, como norteador relevante de processos de mudança, não mais significa prever (*forecast*), mas criar, imaginar um futuro e buscar realizá-lo (*foresight*). A construção de uma visão de futuro compartilhada demanda forças humanas sutis, que não encontram respaldo na tecnologia, apesar dos avanços da inteligência artificial.

Um dos principais paradoxos contemporâneos consiste em, por um lado, aceitar a inevitabilidade da evolução da tecnologia, e mais especificamente da IA, como impulso para nosso próprio desenvolvimento. Criamos tecnologia e a tecnologia nos cria, em um movimento simbiótico. Por outro lado, esse movimento faz emergir uma força contrária: frente a uma tecnologia que tem potencial para nos substituir, somos desafiados a nos humanizar, nos integrar, mobilizar outras formas de inteligência e resgatar a natureza da nossa própria humanidade. Quanto maior for o desenvolvimento tecnológico e as dimensões objetivas, maior será a necessidade de desenvolvermos as dimensões sutis e subjetivas nos indivíduos e organizações.

REFERÊNCIAS BIBLIOGRÁFICAS

BHASKAR, M e SULEYMAN, M. ***A Próxima Onda.*** Editora Record, 2023.

Deloitte: ***State of Generative AI in the Enterprise - Quarter three report.*** Agosto de 2018.

McGILCHRIST, I. ***The Marster and his Emissary.*** Yale University Press, 2009.

MORIN, E. ***Os sete saberes necessários à educação do futuro.*** Editora Cortez, 2018.

NIETZSCHE, F. ***Obras Incompletas – Volume I e II.*** Nova Cultural, 1991.

NONAKA, I; HIRATA, T; TOYAMA, ***R Managing Flow.*** Bookman, 2010

Capítulo 5

A Arte como competência da Liderança: um Encontro entre Estética, Consciência e Sabedoria Prática

A arte da vida consiste em fazer da vida uma obra de arte.
Gandhi

No âmago dos processos de transformação de indivíduos, grupos e organizações, reside uma competência ainda pouco valorizada nas abordagens tradicionais sobre liderança: a arte. Não apenas como prática estética, mas como faculdade humana de expressão simbólica, imaginação criadora e conexão com o sutil. No contexto contemporâneo, caracterizado por complexidade crescente, rupturas constantes e demandas por sentido, o líder precisa recorrer a competências que transcendem o técnico e o operacional — é aí que a arte se revela uma aliada imprescindível.

A arte é um veículo de comunicação, permitindo que o invisível se torne visível, que o futuro emerja a partir de imaginação simbólica no presente. A arte, como prática de presença sensível, facilita esse mergulho no campo do possível. Como vimos no capítulo 4, o conhecimento não nasce em abstrações técnicas, mas em espaços vivos de interação humana — espaços onde o simbólico, o tácito e o sensível coexistem. A arte acontece nesses espaços de significação, onde histórias, metáforas e símbolos reconfiguram identidades e sentidos. Nessa perspectiva, o líder é um cuidador do espaço de criação coletiva — um "artista social".

Talvez gere estranhamento esse olhar sobre a arte e seu alcance potencial na liderança e nas organizações. O que provocamos aqui é uma ampliação do olhar e, de certa forma, um resgate. Para os gregos antigos, *techne* em grego significava "arte" ou "habilidade", no sentido de um conhecimento prático ou capacidade de produzir algo. A *techne* era entendida como o saber-fazer, a capacidade de transformar materiais ou ideias em algo novo, com um propósito específico. Artistas eram todos aqueles que realizavam seu ofício com excelência, seja um agricultor, um artesão, seja um político. As dimensões prática e simbólica eram integradas. Ao longo dos séculos, houve uma cisão desse significado: de um lado a ciência, ligada aos ofícios produtivos, e de outro, a arte — no campo da estética.

Michel Foucault, em sua "arqueologia" dos processos de subjetivação, aprofundou o conhecimento das filosofias do período greco-romano e oferece uma imagem inspiradora sobre as "artes de viver". Por se tratar de uma época de muita incerteza e mudanças, as filosofias práticas daquele período ressoam até os dias de hoje, oferecendo imagens e exercícios para o auto trabalho que permita lidar com os desafios e imprevistos do destino. Em *A Hermenêutica do Sujeito*, o filósofo nos conduz à compreensão de que a verdadeira liberdade não está na mera autonomia racional, mas na prática contínua do "cuidado de si", uma disciplina ética e estética de construção do sujeito. O "cuidado de si" compreende uma série de práticas e exercícios, compreendendo inclusive o "conhecimento de si" (máxima atribuída a Sócrates, mas que tem raízes no Oráculo de Delfos). Essa prática implica transformar a vida em uma obra de arte — uma "estética da existência". Liderar, portanto, não é apenas gerir processos, mas também cultivar um modo de ser que inspire autenticidade, presença e integridade. A arte, nesse contexto, é a própria forma do cuidado de si, em que o líder se forma continuamente como sujeito ético-estético capaz de oferecer ao mundo não um produto, mas uma presença inspiradora e transformadora.

Sob a lente da antroposofia, esse cuidado de si se traduz na integração entre pensar, sentir e querer, conduzindo à expressão genuína e consciente do "Eu". A arte não é adereço, mas campo de desenvolvimento da interioridade ativa, em que o líder se refina na escuta do tempo, no gesto criador e na relação transformadora com o outro. O papel do líder, portanto, pode ser entendido como o de um artista existencial: ele modela a si mesmo como um instrumento afinado para perceber o que está por nascer; cultiva a escuta profunda que reconhece o potencial oculto nos outros; e inspira grupos a se verem como coletivos criativos, capazes de dar forma ao futuro. Mais do que conduzir mudanças, o verdadeiro líder transforma — e transforma-se. Ele reconhece que cada interação é um ato criador, cada grupo uma obra em construção, cada organização um organismo vivo com alma, propósito e destino. Sua liderança não é um cargo, mas uma arte de viver em consonância com o que deseja ver transformado no mundo.

Em tempos em que a incerteza é a regra, a arte se torna o exercício da adaptabilidade criativa, da escuta simbólica e da coautoria regenerativa. Liderar com arte é fazer da própria vida uma obra aberta, um gesto contínuo de modelagem ética e estética de si e do mundo. Um caminho necessário para os que buscam transformar não apenas as organizações, mas também impactar positivamente os destinos humanos que nelas habitam.

Essa perspectiva da liderança como arte de viver e transformar pode ser visualmente evocada pela obra *A Criação de Adão*, de Michelangelo, pintada no teto da Capela Sistina. Nela, Deus e Adão estendem seus dedos em direção um ao outro, quase tocando-se. Esse ínfimo espaço entre os dedos, carregado de tensão simbólica, representa o ponto de inflexão entre o divino e o humano: o instante do livre-arbítrio, da consciência desperta e do poder criador concedido ao ser humano. Adão, ainda inerte, é chamado a despertar não apenas para a vida biológica, mas para a responsabilidade criativa de dar forma ao mundo. Da mesma maneira, o líder transformador reconhece em si e nos outros essa centelha divina — o potencial de criar, regenerar e escolher conscientemente o curso da própria existência. Liderar, nesse sentido, é estender simbolicamente a mão ao humanismo adormecido nas organizações, evocando sua potência criadora e inspirando-a a ocupar o espaço na cocriação do futuro.

O uso da arte nas organizações vai além da estética: envolve práticas simbólicas que resgatam o sentido do trabalho, fortalecem os vínculos e despertam novos modos de perceber a realidade e agir. A arte desafia o racionalismo instrumental e convida à contemplação, à escuta profunda e à cocriação — elementos vitais em tempos em que a inovação verdadeira nasce da subjetividade e da intuição coletiva. A gestão dos recursos e processos podem demandar ciência, mas o desenvolvimento do nível subjetivo das relações e arquetípico da identidade requerem arte.

Na ADIGO[2], atuamos com base na crença de que "quem faz acontecer as mudanças nas empresas são os indivíduos que as compõem". Portanto, líderes que integram a arte em sua atuação cultivam não apenas habilidades técnicas e estratégias, mas também atmosferas propícias ao florescimento humano e organizacional. Assim, a arte não é um adorno periférico, mas um núcleo vital da liderança que transforma. Liderar com arte é buscar a excelência, a partir da realização dos próprios potenciais. Trata-se de uma busca individual: afinal, qual é sua arte de transformar?

REFERÊNCIAS BIBLIOGRÁFICAS

FOUCAULT, M. ***A hermenêutica do sujeito,*** Martins Fontes, 2010.

2. ADIGO é uma Consultoria especializada em gestão empresarial e governança, fundada em 1988, que atua a partir do propósito de apoiar o desenvolvimento de indivíduos grupos e organizações.

Capítulo 6

Como se preparar para ser um líder do futuro?

Você vê as coisas e pergunta: por quê?

Eu vejo e sonho com coisas que não existem e pergunto: por que não?

B. Shaw.

Nas entrevistas que fizemos com lideranças diferenciadas, que deram origem às conclusões do capítulo 3, fica evidente que cada vez mais as competências técnicas se tornarão *commodities*, uma vez que o acesso a qualquer tipo de conhecimento delas, bem como de inovações tecnológicas pertinentes a qualquer ramo ou aplicação, estarão à distância de um clique. Plataformas cada vez mais inteligentes serão disponibilizadas nesse sentido. Por outro lado, as competências mais *softs* ou humanas por excelência, como

- altruísmo,
- habilidade de facilitação de grupos (processos sociais),
- independência,
- colaboração e
- pensamento sistêmico

se tornarão, se já não o são, os diferenciais definitivos das lideranças do futuro.

Essas competências *softs*, por serem personalíssimas, a partir de determinado ponto, dependem mais do estilo e da biografia de cada líder que, ao interagir com indivíduos e grupos dos mais diferentes níveis, especializações e natureza na organização, precisam a cada momento mostrar atitudes de autoconfiança, autonomia e criatividade de forma natural, assertiva e autêntica. Essas qualidades, depois de determinando ponto, como dissemos, são decorrentes da percepção, por parte das pessoas do entorno do líder, de posturas naturais do líder ao mostrar empatia, genuíno interesse, sensibilidade e independência. Essas atitudes e comportamentos são decorrentes de um profundo compromisso com processos de autodesenvolvimento e auto-orientação que independe de artefatos tecnológicos externos ou de conceitos padronizados.

Em nossa vivência como *coaches*, mentores ou consultores em processos de desenvolvimento de líderes de líderes, fica cada vez mais evidente que o líder que quer estar preparado para os tempos turbulentos que estamos vivendo deve se preocupar genuinamente em desenvolver em si as competências da liderança facilitadora descritas no Capítulo 2.

Todo esforço e toda iniciativa individual na direção de buscar formas de se aprimorar como líder nessas competências são necessários, mas não são suficientes para que esse caminho de aprendizagem e desenvolvimento se torne realmente efetivo. É preciso, junto a esse esforço, dar um passo a mais em busca da suficiência. Esse passo é o que criará as condições internas para que o líder, de fato, se torne um líder diferenciado, ou um líder antenado com o futuro. Isso passa pela consciência e pelo compromisso que o líder precisa assumir com uma filosofia de vida que o conecte genuinamente com os seguintes atributos pessoais:

- **Autodesenvolvimento contínuo das potencialidades e competências**, como meio para proteger a própria independência pessoal e profissional no enfrentamento dos momentos difíceis e penosos da vida.
- **Autoavaliação honesta:** compreender que suas atitudes para com os outros espelham as atitudes para consigo mesmo. A capacidade de descobrir e aceitar as forças e fraquezas dos outros, sejam eles superiores, pares ou subordinados, significa fazer uma avaliação honesta das suas próprias forças e fraquezas. A capacidade de dirigir e orientar a si próprio para suas metas e objetivos, com a consciência das suas virtudes e limitações, é fundamental para liderar indivíduos e organizações em situações cada vez mais complexas.
- **Busca de *feedback* frequente:** reunir opiniões sua e de outros. Criar um ciclo de *feedback* regular com sua equipe e colegas.

Prontidão e perspectiva de tempo: é crucial saber avaliar o presente em termos do passado, e o futuro em termos de tendências que ainda não são evidentes. É necessário saber fazer isso com rapidez e discernimento, porque a cada momento se apresentam milhares de oportunidades e alternativas, das quais apenas uma poderá ser escolhida e transformada em realidade. Este será cada vez mais o dilema que se apresentará no dia a dia do líder que pretende fazer a diferença.

Aproveitamento criativo das experiências: demanda capacidade de descobrir novidades mesmo em experiências que se repetem e nos erros cometidos, bem como a capacidade de avaliar genuinamente os próprios interesses e os dos demais envolvidos nas situações que se apresentarem.

Estabelecimento de prioridades pessoais: o líder do futuro poderá suportar os conflitos de valores no dia a dia, no contexto das suas múltiplas responsabilidades perante si e os outros, se seus próprios valores estiverem claramente identificados e se ele compreender a importância relativa entre cada um deles. Isso deve funcionar como uma bússola existencial para determinar o curso adequado das suas ações e decisões pessoais.

Reconhecimento da necessidade de meditar: ideias e *insights* realmente criativos não se apanham no ar e dificilmente surgem durante o curso das tarefas e preocupações cotidianas. É necessário criar um tempo para refletir e analisar profundamente as experiências, a fim de deixar espaço para nascer algo novo, que seja imaginativo, inspirador e intuitivo para si e para os liderados. O líder que incorpora o hábito meditativo em sua filosofia de vida, seja ele de qualquer tradição filosófica, espiritual ou religiosa, sofre menos conflitos de valores e tem mais presença na sua atuação, que é percebida naturalmente pelas outras pessoas. Ao incorporar essa prática, forças inimagináveis são disponibilizadas, encorajando-o nas situações e ações em que se perderia a liberdade de agir com independência.

Profundo amor pelas pessoas: nenhum atributo marca tão profundamente um líder como este. Ele deve utilizar e viver o amor no seu sentido maior, como fonte de motivação e de vínculo com o mundo, com suas responsabilidades e com sua missão de vida, por meio de sentimentos de identidade, integridade, humildade, veneração e gratidão.

Esse conjunto de atributos, fruto de uma filosofia pessoal de vida e de um sistema de valores genuínos, não pode ser encarado como mais um item da agenda para o dia seguinte, como se fosse uma reunião importante, nem ser visto como garantia de resultados materiais imediatos. Deve ser encarado como um compromisso com sua essência como um ser humano que o destino colocou em uma posição de liderar pessoas, influenciando seus caminhos e contribuindo para a realização de objetivos empresariais que afetam o mercado ou a sociedade maior.

Líderes que perseguem esses atributos com consciência chegam às decisões e ações com confiança e coragem, uma vez que:

- são intuitivos sem esquecer a razão;
- são criativos e capazes de conviver com conflitos;
- sabem lidar confortavelmente com paradoxos e com os aspectos intangíveis que se apresentam em todas as situações;
- aceitam aquilo que não pode ser compreendido ou controlado;
- aceitam e trabalham com as contingências de forma objetiva; e
- aceitam também o fato de que um ser humano não recebe de presente, nem tem inato, suficiente discernimento para conciliar seus valores pessoais com as práticas da vida empresarial.

O papel da comunicação para a liderança

As organizações e seus líderes têm vivido momentos singulares em decorrência da quantidade de informações com as quais se deparam a cada segundo. A cultura de informações disponíveis em tempo real tem criado suas próprias crises. Os profissionais estão sendo sobrecarregados com informações. Há uma verdadeira batalha pela atenção das pessoas e dos grupos. Nas empresas, pode-se ter a impressão de que quanto mais mecanismos tecnológicos de comunicação são implementados, menor é o grau de comunicação efetiva.

O líder, para ser bem-sucedido nesse ambiente, precisa se tornar um comunicador excepcional para competir com tantos fatores que desviam a atenção de seus liderados. Os profissionais estão cada vez mais impacientes com objetivos e papéis pouco articulados, e cansados de reuniões enfadonhas. O líder tem de ser capaz de construir uma maneira de comunicação que prenda a atenção e mantenha seus colaboradores engajados.

Em futuro bem próximo, os melhores líderes serão aqueles que melhor comunicarem a sua visão de futuro para a organização com as respectivas estratégias e ações de mudança. O líder deve ter consciência de que comunicar-se está diretamente relacionado a entender as pessoas e à arte da persuasão, que consiste em:

- estabelecer credibilidade;
- criar referências e bases comuns;
- fornecer evidências;
- conectar emoções.

A credibilidade do líder e sua comunicação cresce com a demonstração de seus conhecimentos e habilidades e com a construção de relacionamentos baseados na confiança de que as decisões são tomadas em benefício da organização.

Mesmo o líder que conquistou a credibilidade deve garantir que suas posições façam sentido e sejam atrativas para seus liderados. O líder precisa apresentar suas posições com referências que incluam os benefícios para todos os envolvidos.

Dessa forma, persuasão torna-se uma questão de apresentar evidências, não apenas dados e fatos. O líder precisa trazer exemplos vivos, histórias e metáforas que materializem o que está sendo proposto.

O líder deve ter a habilidade de sentir e responder às emoções de seus liderados — em alguns casos, suprimir as suas próprias emoções, em outros, intensificá-las.

A comunicação do líder precisa ser clara e consistente e alinhar comportamentos com discursos. Os demais profissionais devem perceber que as atitudes e as palavras dos líderes estão vinculadas à cultura e aos valores da empresa.

O comprometimento pessoal dos líderes com a mensagem transmitida é a base para a solidificação do comprometimento das equipes e das relações de confiança.

Outras habilidades que serão exigidas do líder do futuro: gerir diversidade, delegar, construir e sustentar parcerias.

Parece difícil? E é! O mais importante a fazer é tentar sempre. Tentar, mesmo sabendo que muitas vezes perceberá que seus ideais e esperanças não poderão ser atingidos. É que a vida sem essas âncoras é vazia, sem sentido nem objetivo. E que um dia, ao se aproximar da morte e se perguntar "O que eu deixarei para este mundo?" ou "Como serei lembrado?", possa estar em paz ao concluir que valeu a pena ter feito o que fez em todas as áreas da sua vida pessoal e profissional por ter lutado o bom combate.

No caminho do desenvolvimento da liderança para o futuro, provavelmente, salvo uma ou outra exceção, não seremos clarividentes nem iniciados por desenvolver esses atributos. O importante não é o resultado, mas sim o processo para chegar ao ideal almejado. O esforço que dispensamos para caminhar nessa direção torna nossa alma mais acordada, mais presente e com uma visão ampliada, pois aquelas faculdades que o verdadeiro líder tem de uma maneira rudimentar e que denominamos como imaginação, inspiração e intuição se tornarão cada vez mais acentuadas, e isso sempre trará resultados quantitativos e qualitativos alvissareiros.

Porém, o importante ao nos mobilizarmos para o desenvolvimento de uma liderança do futuro é que não o façamos visando interesses pessoais, pois isso nos faria derrapar no caminho com consequências nefastas para o nosso próprio desenvolvimento.

Considerações finais

A ferramenta mais importante de um líder é o seu exemplo."

John Wooden

Ao longo deste livro, exploramos os desafios e as oportunidades da liderança na era da interconectividade e da inteligência artificial. Discutimos o papel essencial das competências humanas — facilitação, colaboração, interdependência, visão sistêmica e altruísmo — como pilares fundamentais para líderes que desejam não apenas conduzir suas organizações com eficiência, mas também promover ambientes de trabalho mais humanos e sustentáveis.

Os líderes do futuro não serão definidos apenas pela capacidade de tomar decisões estratégicas, mas pela habilidade de inspirar, conectar e transformar. Em um mundo cada vez mais complexo e imprevisível, a liderança não pode ser reduzida a processos mecanizados ou algoritmos predefinidos. O que distingue um grande líder é sua capacidade de navegar pela incerteza com arte, empatia, visão e compromisso com o bem coletivo.

O novo paradigma da liderança

Ao longo dos capítulos, vimos que a liderança do futuro exige um afastamento do tradicional modelo de comando e controle para um modelo mais dinâmico, colaborativo e adaptativo. Um verdadeiro líder não impõe soluções, ele facilita processos, estimula o pensamento crítico e capacita sua equipe para alcançar resultados de maneira conjunta. Vimos também que os desafios do futuro emergente não demandam apenas novas competências, mas requerem o resgate ou ressignificação de arquétipos e conhecimentos atemporais profundos que constituem nossa humanidade, e outras inteligências humanas que possam estar atrofiadas.

Em tempos de inteligência artificial, é fácil acreditar que as máquinas substituirão a tomada de decisão humana. No entanto, a IA não substitui a liderança, ela apenas amplifica nossa capacidade de análise e gestão. Isso significa que o humanismo será ainda mais central na liderança do futuro. O verdadeiro diferencial de um líder será sua habilidade de interpretar informações, conectar pessoas e agir com propósito.

Um convite à reflexão e à ação

Se existe uma conclusão clara neste livro, é que tornar-se um líder diferenciado é um processo contínuo de aprendizado e evolução. Cada líder deve se perguntar:

- Como posso cultivar as competências essenciais para liderar de forma mais humana e eficaz?
- Estou promovendo um ambiente de trabalho baseado na confiança, no respeito e na colaboração?
- Minhas decisões refletem um compromisso genuíno com as pessoas que lidero?

As respostas para essas perguntas não surgirão de imediato, mas o simples ato de refletir sobre elas já é um passo importante na jornada de liderança.

Liderança com Propósito

Por fim, este livro é um convite para que os líderes do presente e do futuro assumam a responsabilidade de transformar não apenas suas organizações, mas também o ambiente ao seu redor.

A liderança verdadeira não se resume a cargos ou títulos, mas à capacidade de criar impacto positivo na vida das pessoas e na sociedade como um todo.

Que este livro sirva como inspiração para todos aqueles que desejam liderar com propósito, empatia e coragem. Boa jornada!

Entre em sintonia com o conhecimento.

Qualitymark Editora Ltda.

(21) 98198-9089

(21) 98198-9843

sac@qualitymark.com.br

DADOS TÉCNICOS

Formato	14 x 21cm
Mancha	10 x 16 cm
Fonte	Adobe Garamond Pro
Corpo	12
Entrelinhas	14
Total de Páginas	102
1ª Edição	2025